Spaß am SEX

Jane Hertford

Spaß am SEX

BASSERMANN

In gleicher Ausstattung ist erschienen:
„Mehr Spaß am Sex" (ISBN 3 8094 0644 9)

Der Text dieses Buches entspricht den Regeln
der neuen deutschen Rechtschreibung.

ISBN 3 8094 0643 0

Originaltitel: Pocket Guide to Loving Sex

Illustrationen: MC Picture Library

Übersetzung: Annette Kolb

Redaktion: Herta Winkler

Herstellung: Wilfried Sindt

Gesamtkonzeption: Bassermann'sche Verlagsbuchhandlung,
D-65527 Niedernhausen/Ts.

817 2635 4453 6271

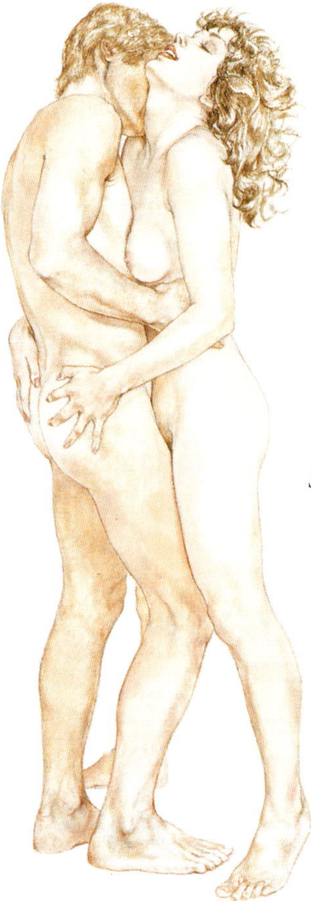

Inhalt

Kapitel eins
Worum es geht
9

Kapitel zwei
Liebe in Szene setzen
17

Kapitel drei
Vorspiel
27

Kapitel vier
Stellungen und Vollzug des Liebesakts
51

Kapitel fünf
Sexspiele und erotisches Spielzeug
79

Kapitel sechs
Nachspiel
91

Register
96

Eine Anleitung zu liebevollem Sex

Es gibt heutzutage sehr viele Bücher, die die verschiedenen Stellungen beim Sex zum Thema haben, wobei eine Stellung die andere an Akrobatik und Unwahrscheinlichkeit übertrifft. Darüber vergessen wir oft, dass Sex etwas ist, was von zwei Menschen liebevoll geteilt und genossen werden sollte.

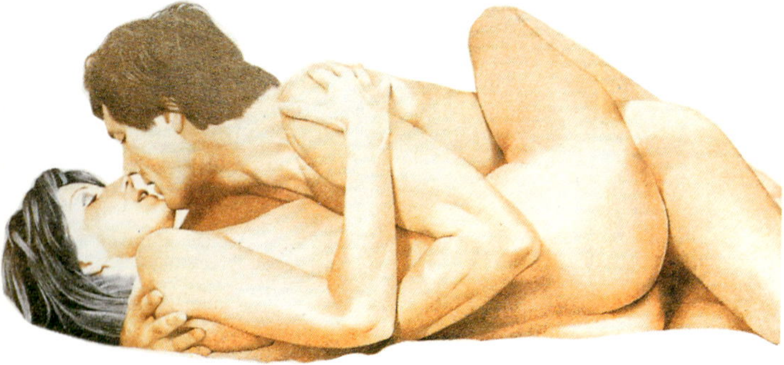

Sex ist nicht einfach ein Mittel zur Darstellung der sexuellen Potenz eines Menschen. Es ist vielmehr ein Ausdruck höchster Verbundenheit zwischen zwei Menschen und beginnt lange bevor die beiden das Schlafzimmer erreichen. Denken Sie daran, dass Sex im Kopf beginnt: Sie müssen Ihren Partner respektieren, um Sex wirklich genießen zu können.

Der erste Schritt zur sexuellen Befriedigung und Erfüllung beider Partner beginnt damit, dass Sie lernen, ein zärtlicher und einfühlsamer Liebhaber zu werden. Dieser nützliche Ratgeber zeigt Ihnen, wie Sie dieses Ziel erreichen können.

Kapitel eins

Worum es geht

Sex und Fitness

Für guten Sex braucht man Energie und viel Kondition. Wenn Sie gesund und fit sind, wird sich das positiv auf Ihr Sexleben auswirken. Das bedeutet, dass Sie sich gesund ernähren und auf genügend Bewegung achten sollten.

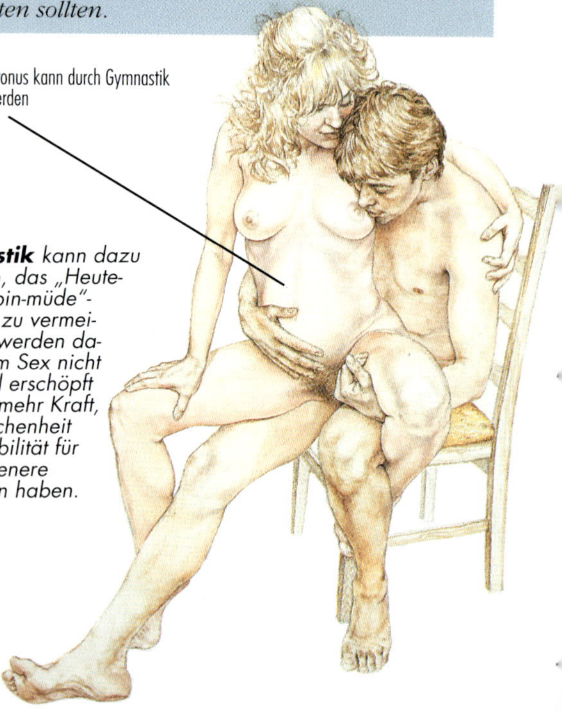

***Gymnastik** kann dazu beitragen, das „Heute-nicht-ich-bin-müde"-Syndrom zu vermeiden. Sie werden danach beim Sex nicht so schnell erschöpft sein und mehr Kraft, Ausgeglichenheit und Flexibilität für ausgefallenere Stellungen haben.*

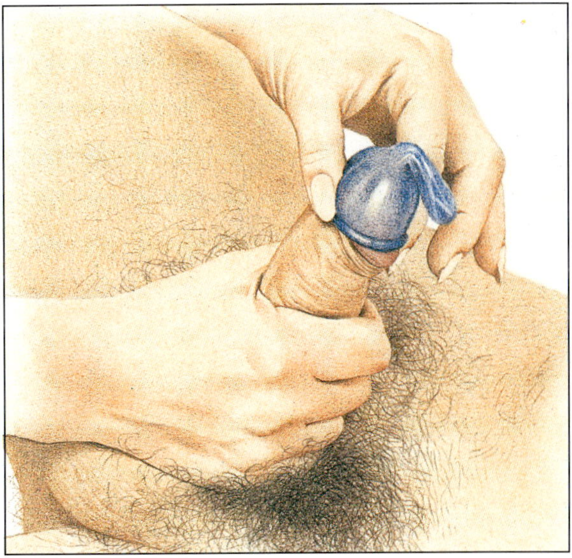

Ihren Körper gesund zu erhalten *bedeutet auch, Infektionen vorzubeugen. Verhütungsmittel wie Kondome können die Verbreitung von sexuell übertragbaren Krankheiten und vom HIV-Virus verhindern.*
Wenn Sie ein Kondom verwenden, setzen Sie das zusammengerollte Kondom auf die Spitze des erigierten Penis. Pressen Sie mit Daumen und Zeigefinger die Luft aus dem Kondom heraus, und schieben Sie die Vorhaut zurück. Halten Sie mir einer Hand den Penisschaft fest, und streifen Sie das Kondom mit der anderen Hand darüber.

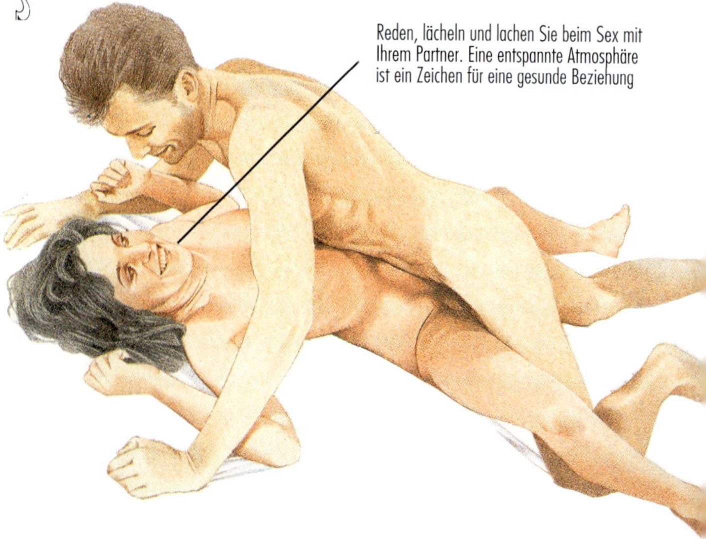

Gymnastik und gesunde Ernährung *fördern auch Ihr Selbstbewusstsein in Bezug auf Ihr Äußeres. Ein positives Körpergefühl wirkt sich nicht nur befreiend auf die Sexualität aus, es macht Sie für Ihren Partner auch um so begehrenswerter.*

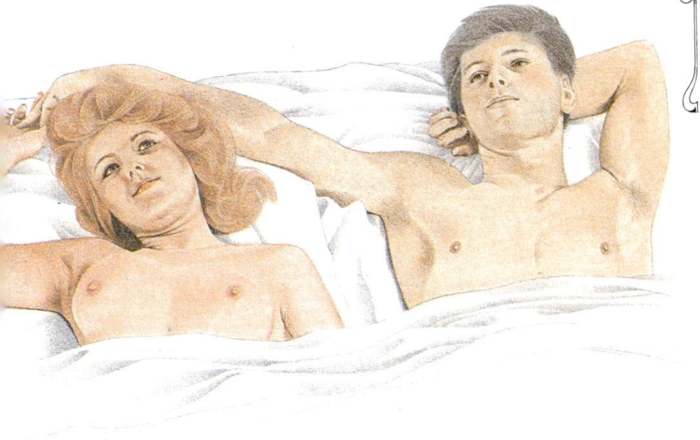

Der Geschlechtsverkehr *ist nicht das A und O des Liebesspiels. Manchmal ist die Penetration nicht erwünscht. Oder sie wird durch Krankheit, Menstruation, fortgeschrittene Schwangerschaft oder kurz nach einer Geburt erschwert. Vielleicht hat einer der Partner eine Geschlechtskrankheit oder ist mit dem HIV-Virus infiziert. In anderen Fällen kann die Penetration durch Erektionsprobleme aufgrund von Medikamenten, Müdigkeit, Stress oder anderen Faktoren verhindert werden.*

Es gibt aber auch andere Möglichkeiten, befriedigenden und liebevollen Sex zu haben. Oraler Sex (mit einem Kondom, falls einer der Partner infiziert sein sollte), der Gebrauch eines Vibrators, Streicheln, Umarmen und Massieren können ebenfalls sehr erregend sein. Selbst wenn man nur nebeneinander liegt, sich über Sex unterhält und seine Fantasien austauscht, kann dies auf beide eine starke erotische Wirkung ausüben.

Der Orgasmus

Weiblicher und männlicher Orgasmus unterscheiden sich voneinander. Eine Frau braucht mehr Zeit, um zum Höhepunkt zu gelangen, dafür kann er länger dauern und öfter wiederholt werden. Der Orgasmus des Mannes kommt schneller, verlässlicher und ohne ausgedehnte Stimulation.

Weiblicher Orgasmus. *Abgesehen vom Streicheln am ganzen Körper sollte der Stimulation der Schamlippen und der Klitoris durch rhythmische Bewegungen besondere Aufmerksamkeit geschenkt werden. Durch die sexuelle Erregung weitet sich die Scheide und wird feucht, die Schamlippen schwellen an. Die Brüste schwellen ebenfalls an, die Brustwarzen richten sich auf. Durch weitere Stimulation steigt die sexuelle Spannung an, bis sie sich in einer Welle von lustvoll empfundenen Muskelkontraktionen auflöst.*

Männlicher Orgasmus. *Bei sexueller Erregung staut sich das Blut im Penis, wodurch er steif wird. Wenn der Mann in seine Partnerin eindringt und sich zu bewegen beginnt, wird seine Erregung sehr schnell stärker. Die Spannung löst sich durch Muskelkontraktionen im und um den Penis und durch den Samenerguss auf.*

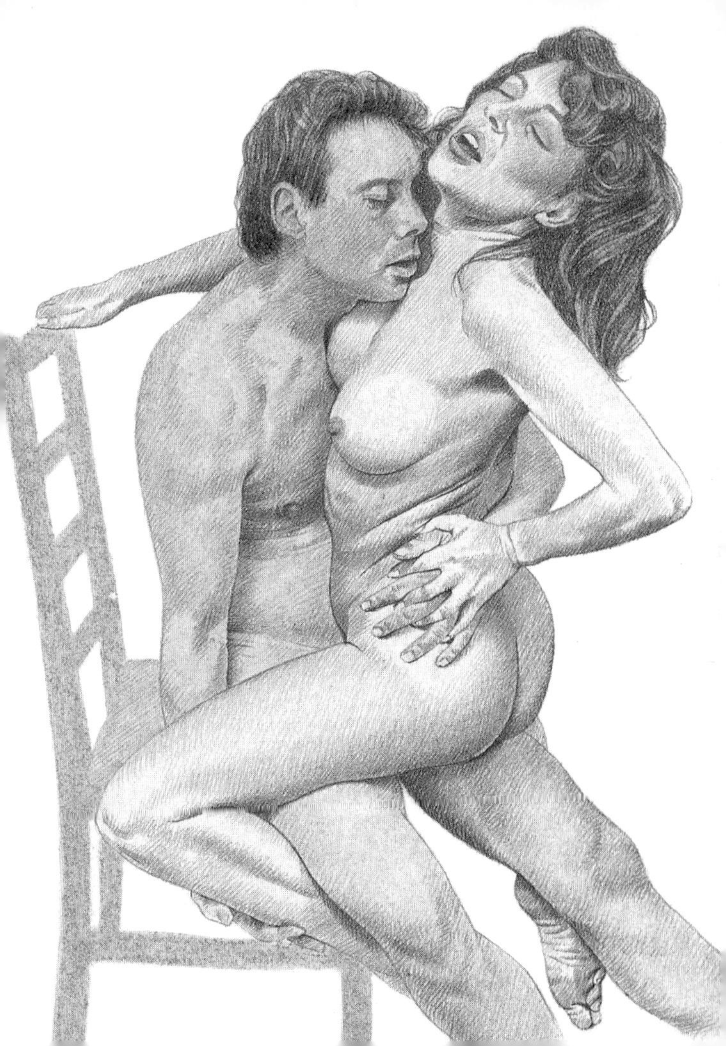

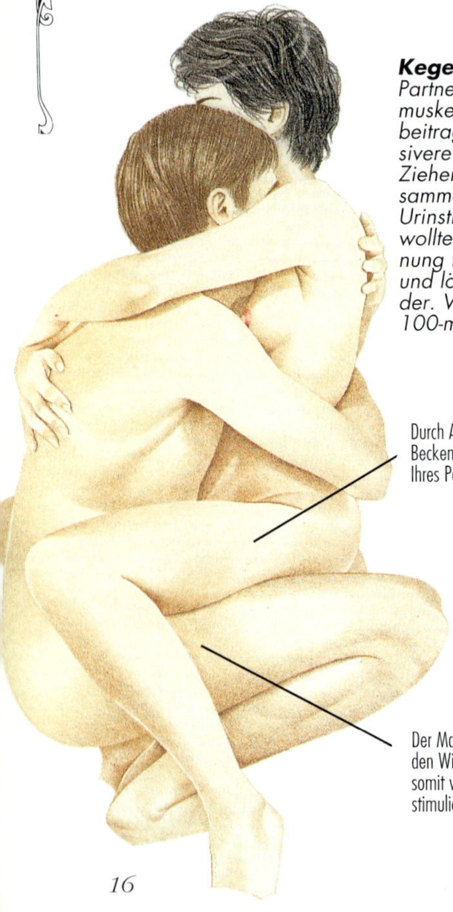

Kegel-Übungen *für beide Partner stärken die Beckenmuskeln und können dazu beitragen, längere und intensivere Orgasmen zu erleben. Ziehen Sie die Muskeln zusammen, als ob Sie den Urinstrahl unterbrechen wollten, halten Sie die Spannung fünf Sekunden aufrecht, und lösen Sie sie dann wieder. Wiederholen Sie dies 100-mal am Tag oder öfter.*

Durch Anspannen und Entspannen ihrer Beckenmuskulatur kann eine Frau den Penis Ihres Partners beim Stoßen massieren

Der Mann kann mit seinen Beckenmuskeln den Winkel seiner Erektion beeinflussen und somit verschiedene Bereiche in der Vagina stimulieren

Kapitel zwei

Liebe in Szene setzen

Baden und Duschen

Vom gegenseitigen Einseifen in der Dusche bis hin zu glitschigem Sex in einem von Kerzen erhellten Badezimmer – noch nie war Körperpflege so erotisch.

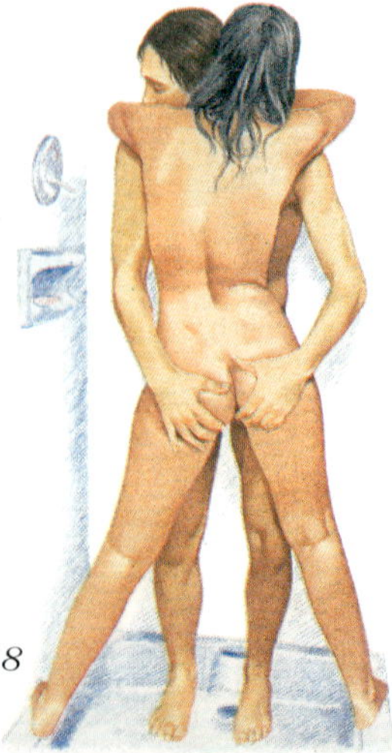

Durch den Auftrieb des Wassers *kann man in der Badewanne schwierigere Liebesstellungen einnehmen, da der Druck auf Gelenke und Muskeln vermindert wird.*

Sex unter der Dusche *ist sehr aufregend, erfordert aber einiges an Kraft und Geschick. Beginnen Sie damit, sich gegenseitig die Haare zu shampoonieren, und lassen Sie dann Ihre Hände wandern.*

***Lieben Sie sich** nach dem Bad oder der Dusche, wenn Sie beide noch feucht und glitschig sind und der Raum voller Dampf ist.*

Nutzen Sie das vorhandene Mobiliar, um beim Stoßen einen Halt zu haben

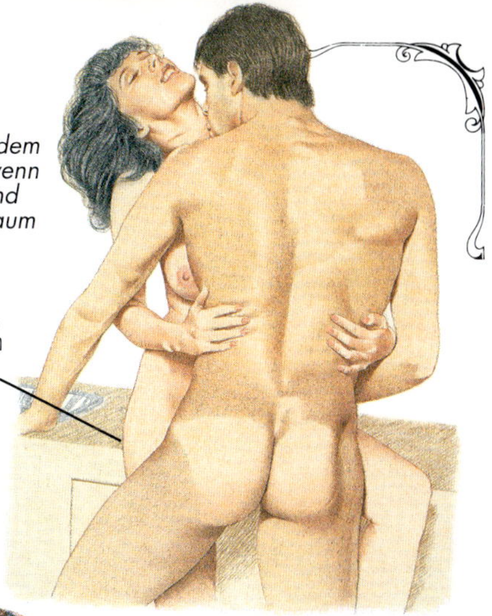

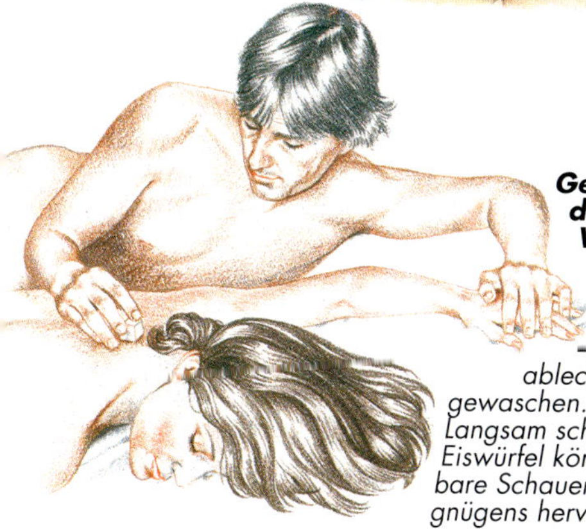

***Genießen Sie die erotische Wirkung von Lebensmitteln** auf Ihrem Körper – was Sie nicht ablecken, wird abgewaschen. Langsam schmelzende Eiswürfel können wunderbare Schauer des Vergnügens hervorrufen.*

Massage

Massage ist ein wunderbarer Auftakt zum Sex oder eine Erweiterung des Liebesspiels. Der ganze Körper reagiert auf die erregenden Berührungen.

Erforschen, erregen und verwöhnen *Sie Ihren Partner in einem warmen, ruhigen Raum mit verschiedenen Streichelbewegungen und Berührungen. Experimentieren Sie mit verschiedenen Hilfsmitteln – schlüpfen Sie in einen Handschuh aus Pelzimitat oder Gummi, oder streicheln Sie die Haut Ihres Partners mit einer Feder, einem Tuch aus Seide oder Samt. Ein Luffaschwamm eignet sich ebenfalls. Puder macht die Haut trocken, zart und glatt, Duftöle sorgen für ein angenehm schlüpfriges Gefühl.*

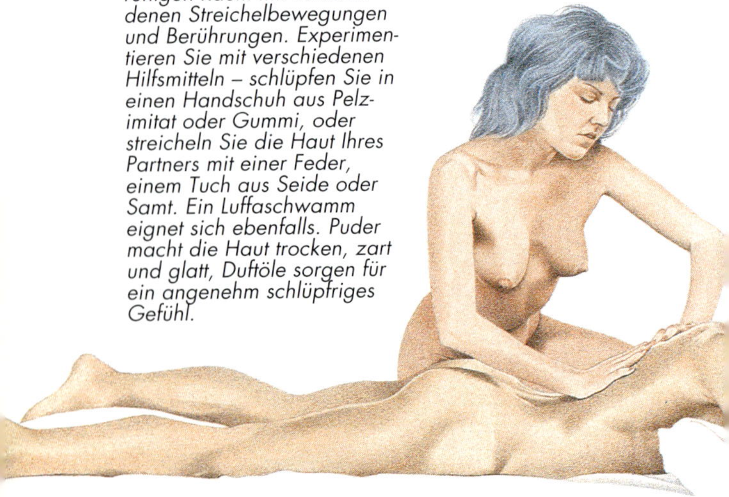

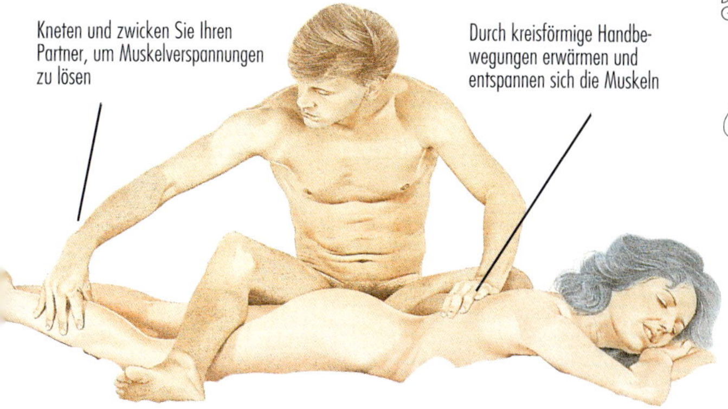

Bei der Massage
können Sie Ihren Partner durch das absichtliche Ignorieren seiner Geschlechtsteile besonders erregen. Beginnen Sie bei den Zehen. Mit sanften, aber festen Kreisbewegungen Ihrer Finger arbeiten Sie sich langsam vor zum Fußspann, Knöchel, zur Wade, Kniekehle und zur Schenkelinnenseite. Wenden Sie Ihre Aufmerksamkeit dann der oberen Körperhälfte Ihres Partners zu, ohne in Ihren Bewegungen innezuhalten. Massieren Sie nun von oben nach unten, von den Schultern über die Arme bis hin zum gesamten Rückenbereich.

Orte der Liebe

Sex ist nicht nur im Schlafzimmer schön. Ihr Liebesleben wird noch aufregender und abwechslungsreicher, wenn Ort und Zeit immer wieder variieren.

Ein gemütlicher Abend zu Hause *ist besonders in den kalten Wintermonaten dafür geeignet, Ihrem Partner bei einer romantischen Verführung vor dem Kaminfeuer zu zeigen, wie sehr Sie ihn lieben. Um die richtige Atmosphäre zu erzeugen, sollten Sie das Licht dämpfen und die Heizung voll aufdrehen.*

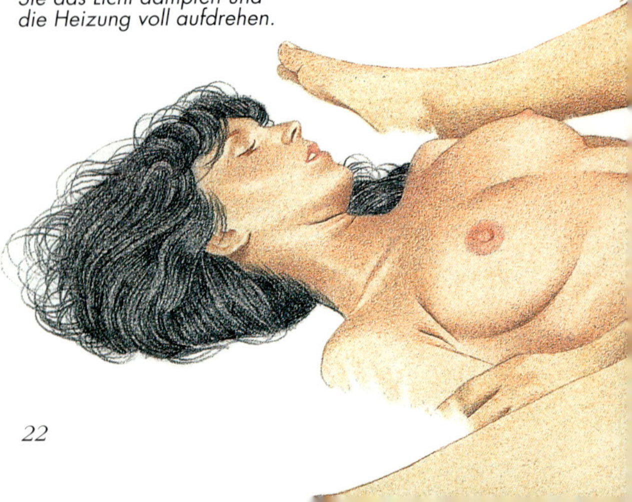

In einem warmen Raum kann man sich besser entspannen

Kommunikation

Ein offenes und ehrliches Gespräch mit dem Partner über Ihre Wünsche und Gefühle hilft Ihnen, ein erfülltes Liebesleben zu erlangen.

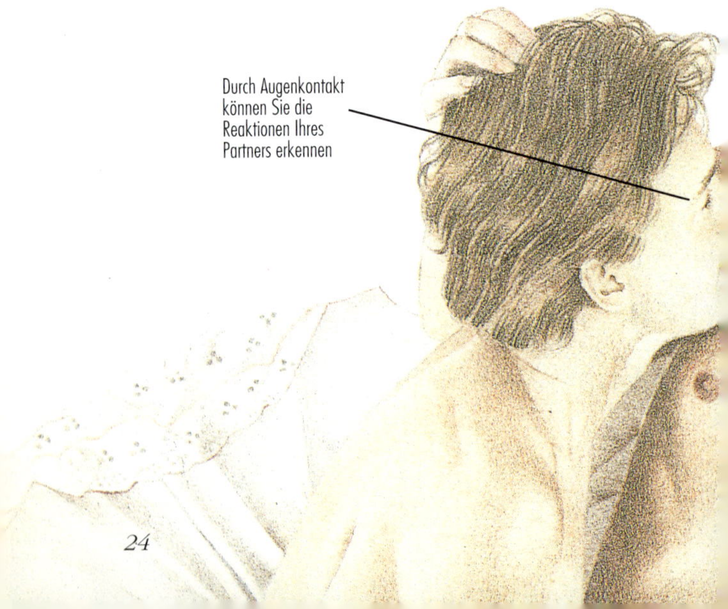

Vertrauen *ist eine wichtige Voraussetzung für eine liebevolle Beziehung. Dadurch können Sie sich entspannen und Ihre Hemmungen ablegen. Wenn Sie sich mit Ihrem Partner austauschen und keine Angst haben, neue Ideen vorzuschlagen, wird Ihr Liebesleben nicht zur Routine.*

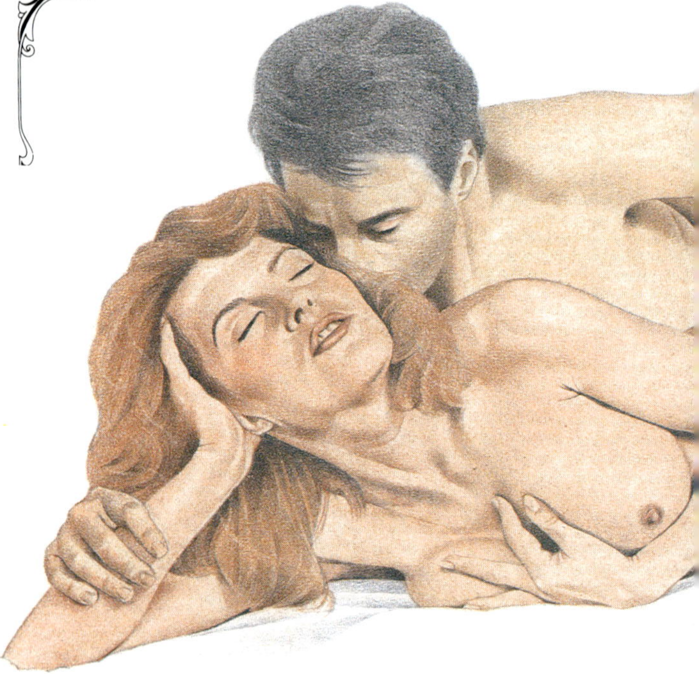

Die nonverbale Kommunikation *wie das Anwenden und Deuten der Körpersprache spielt auch eine wichtige Rolle. Die Hand Ihres Partners zu führen ist genauso effektiv wie Worte. Eine zarte Liebkosung in einem Restaurant oder ein verführerischer Blick auf einer Party erzeugen eine steigende sexuelle Erregung, die später zu Hause gestillt werden kann.*

Kapitel drei

Vorspiel

Küssen

Küssen ist nicht nur ein Ausdruck der Liebe für Ihren Partner, sondern auch ein grundlegender Bestandteil sexueller Erregung.

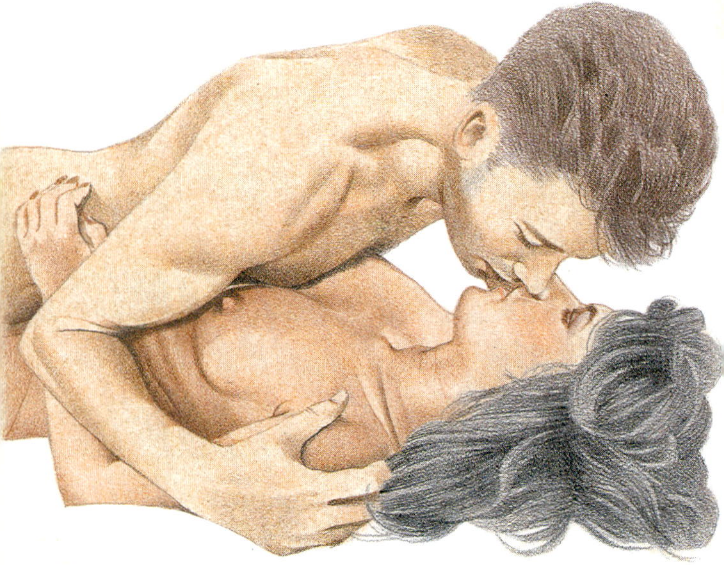

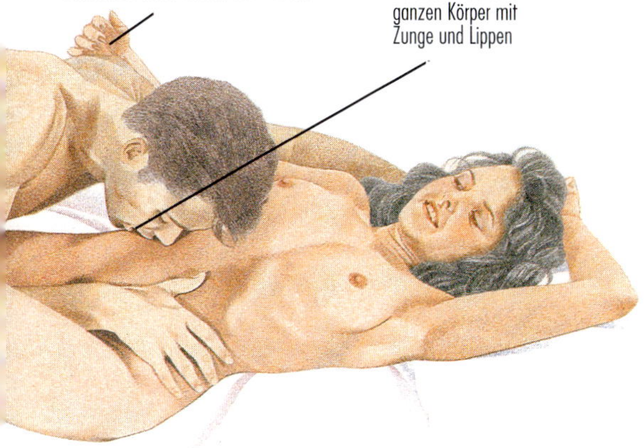

Lippen, *Zunge, Zahnfleisch und Mundraum sind starke erogene Zonen. Das Mund-zu-Mund-Küssen kann von spielerischen, federleichten Berührungen bis zu leidenschaftlich fordernden oder langsamen und suchenden Küssen variieren. Tiefe, stoßende Küsse können so erotisch wie „richtiger" Sex sein. „Französische Küsse" werden von Paaren, die sich schon lange kennen, oft vernachlässigt. Es ist aber eine ausgezeichnete Art und Weise, Ihr Begehren auszudrücken.*

Körperküsse *sind Sex für die Haut. Versuchen Sie, während des gesamten Aktes den Kontakt zwischen Körper und Mund nicht abbrechen zu lassen: Bedecken Sie jeden Zentimeter des Körpers Ihres Partners mit zarten und flüchtigen oder langsamen, leckenden Küssen. Konzentrieren Sie sich dann sowohl auf die nicht so offensichtlichen erogenen Zonen wie die Seiten und Kniekehlen als auch auf die Brüste und Genitalien.*

Streicheln

Streicheln und gestreichelt werden ist ein wichtiger, wunderbar sinnlicher Teil des Liebesspiels. Jeden Zentimeter des Körpers Ihres Partners zu liebkosen ist erotisch besonders beglückend.

Die Fingerspitzen *weisen eine große Anzahl an Nervenenden auf und sind daher sehr empfindlich. Erforschen Sie damit den Körper Ihres Partners, und entdecken Sie neue erogene Zonen. Lassen Sie sich von Ihrem Partner zeigen, wo und wie das Streicheln am schönsten für ihn ist.*

Das Streicheln *beschränkt sich nicht nur auf die Finger. Liebkosen, reiben und kitzeln Sie Ihren Partner mit Ihren Lippen, Genitalien, Haaren und Füßen. Eine Frau kann ihren Partner dadurch erregen, indem sie ihre Brüste so über ihm baumeln läßt, daß sie leicht über seine Haut streifen.*

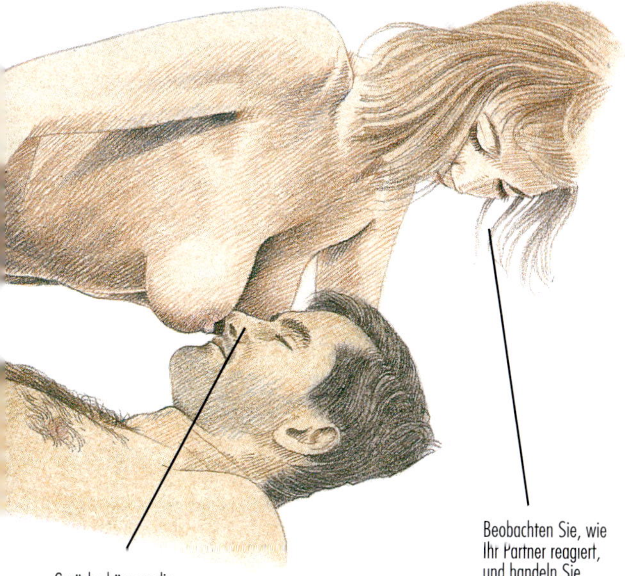

Oraler Sex

Die Zunge ist ein höchst empfindliches Organ. Sie können Ihren Partner damit nicht nur fühlen und erregen, sondern auch schmecken.

Lecken Sie den Körper *Ihres Partners mit langen, katzenähnlichen Zungenbewegungen langsam und bedächtig ab: An den Seiten von der Stirn bis nach unten zu den Zehen, dann an der Vorderseite des Körpers wieder nach oben. Besonders erregend ist es, wenn Sie den Genitalien erst am Schluss Ihre volle Aufmerksamkeit widmen.*

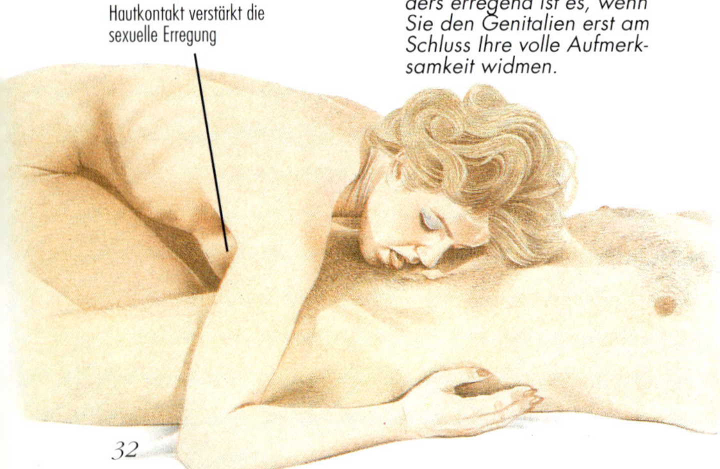

Besonders empfänglich *für die Liebkosungen Ihrer Zunge sind die zarte Haut der Innenseiten der Schenkel und Arme, die Armbeugen, Handgelenke und Kniekehlen (eigentlich alle Stellen, an denen der Puls fühlbar ist).*

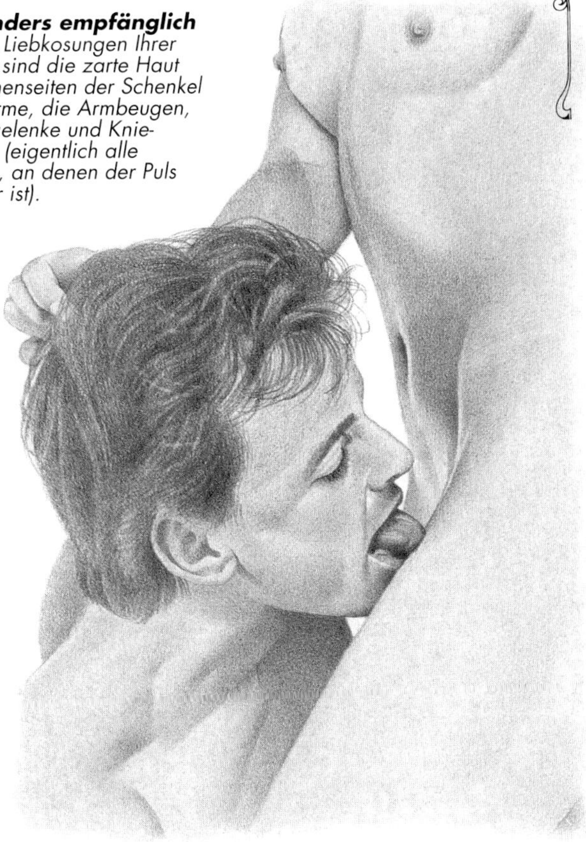

Striptease

Ihr Liebesleben wird durch aufreizenden Striptease vor Ihrem Partner noch erotischer und aufregender. Sie können sich aber auch von ihm ausziehen lassen.

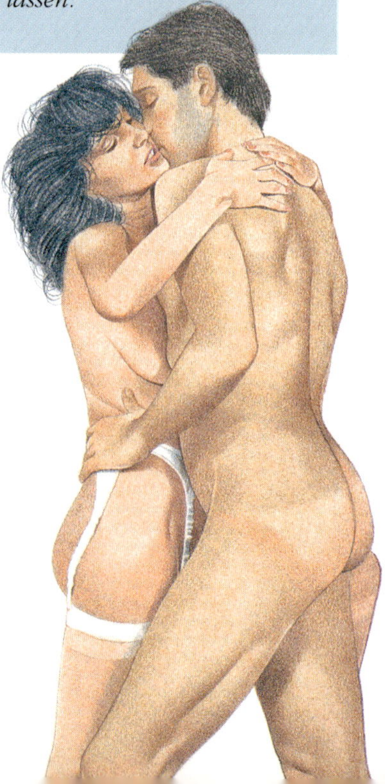

Wechseln Sie sich beim Ausziehen und Ausgezogenwerden ab, *und genießen Sie das Umschalten von der passiven in die aktive Rolle. Beim Ausziehen können Sie die Spannung steigern, indem Sie zuerst wegsehen und Ihren Partner ignorieren und dann mit Ihrer Nacktheit kokettieren. Experimentieren Sie mit Reizwäsche, flackerndem Kerzenlicht und erotischer Musik.*

Ziehen Sie Ihren Partner langsam und spielerisch aus, *streicheln und küssen Sie ihn bei jedem Kleidungsstück, das ausgezogen wird. Lassen Sie die Kleider einfach zu Boden fallen, und konzentrieren Sie sich darauf, Ihrem Partner Lust zu verschaffen.*

Schließen Sie die Augen, *und schwelgen Sie in sexuellen Fantasien, während Sie sich zum Orgasmus bringen. Legen Sie Ihre Hemmungen ab. Versuchen Sie nicht, Ihre Atmung oder Ihr Stöhnen zu kontrollieren.*

Masturbation des Mannes. *Experimentieren Sie mit verschiedenen Bewegungen, Geschwindigkeiten und Rhythmen an den Hoden, dem Penisschaft und der sehr empfindlichen Eichel. Heben und senken Sie Ihre Hüften im Rhythmus der Bewegungen.*

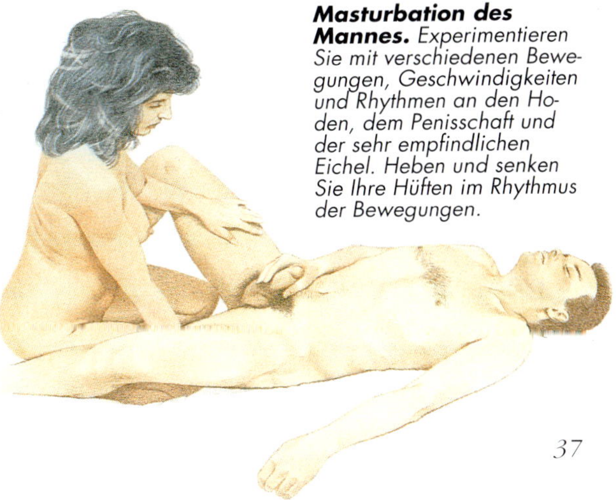

Gegenseitige Masturbation (sie an ihm).
Streicheln Sie die Hoden und die Analgegend Ihres Partners, und massieren Sie dann mit festen, rhythmischen Bewegungen den Penisschaft. Wenn seine Erregung wächst, stimulieren Sie die Eichel und das Frenulum.

Lassen Sie sich Zeit:
Verwenden Sie Öle, geben Sie sich Ihren Gefühlen und Fantasien hin.

Das gegenseitige Masturbieren *bis zum Orgasmus ist ein sehr befriedigender Bestandteil des Geschlechtsverkehrs oder eine Alternative dazu. Es ist „safe sex" (sicherer Sex). Sie können dabei etwas übereinander erfahren und an den Reaktionen Ihres Partners ablesen, was ihn am meisten erregt. Seien Sie erfinderisch: Benutzen Sie einen Vibrator oder einen Duschkopf als Hilfsmittel zur Steigerung der erotischen Spannung.*

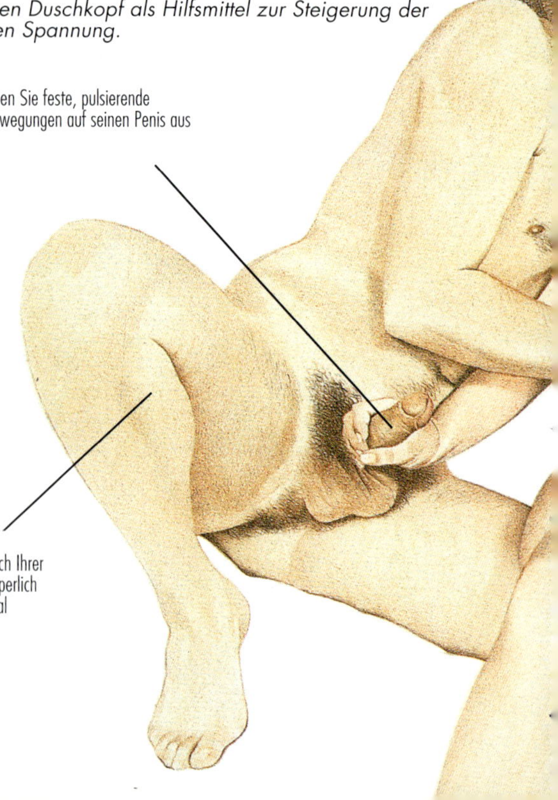

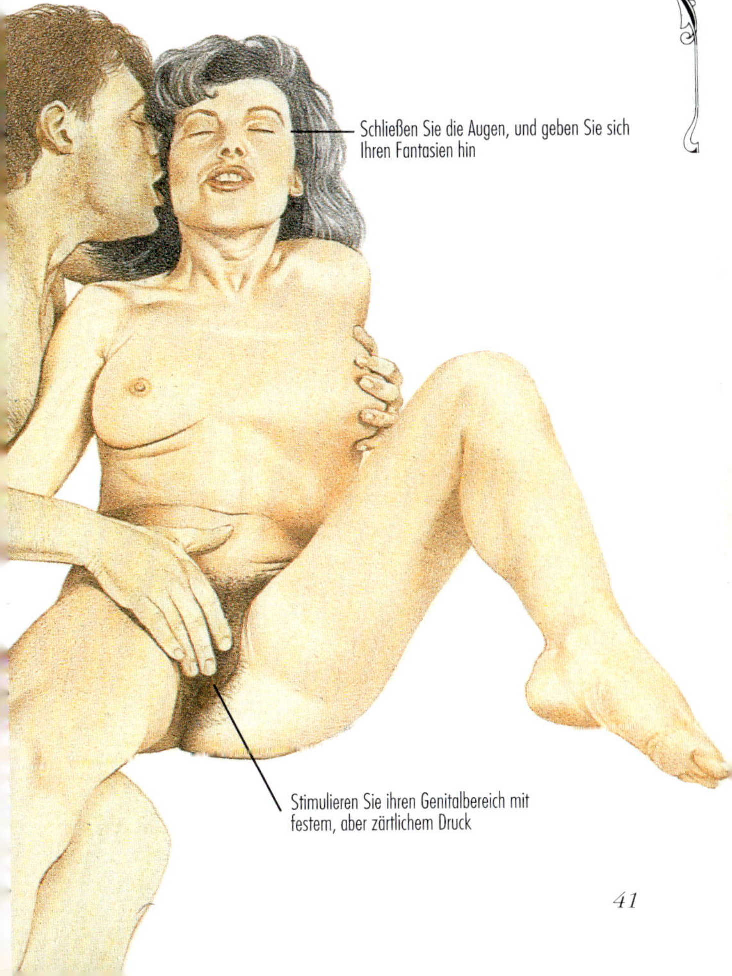
Schließen Sie die Augen, und geben Sie sich Ihren Fantasien hin
Stimulieren Sie ihren Genitalbereich mit festem, aber zärtlichem Druck

Erogene Zonen

Die größte erogene Zone ist Ihre Fantasie. Erotische Gefühle werden aber auch durch das Lecken, Streicheln oder Reiben des gesamten Körpers hervorgerufen.

Viele Bereiche des Körpers *werden von den meisten Menschen als empfänglich für erotische Stimulation empfunden: zum Beispiel Mund und Lippen, Ohren, Brüste und Genitalien. Andere, ungewöhnlichere Bereiche, die man im Allgemeinen nicht unbedingt als erotisch bezeichnen würde, rufen bei manchen Menschen ebenfalls Lustgefühle hervor. Begeben Sie sich alleine oder mit dem Partner auf eine lustvolle Entdeckungsreise. Viele Frauen können alleine durch die Stimulation erogener Zonen (ohne Berücksichtigung der Genitalien) zum Orgasmus gelangen. Bei manchen reicht dazu sogar ihre Fantasie aus. Obwohl sich die sexuelle Erregbarkeit bei Männern mehr auf den Genitalbereich beschränkt, kann die Stimulation anderer erogener Zonen viel zur Erregungssteigerung beitragen.*

Setzen Sie beim Sex Ihren ganzen Körper ein. *Die weiblichen Brüste können einen verführerischen Kanal für den Penis ihres Partners bilden. In dieser Position kann er gleichzeitig ihre Brustwarzen mit seinem Schamhaar stimulieren.*

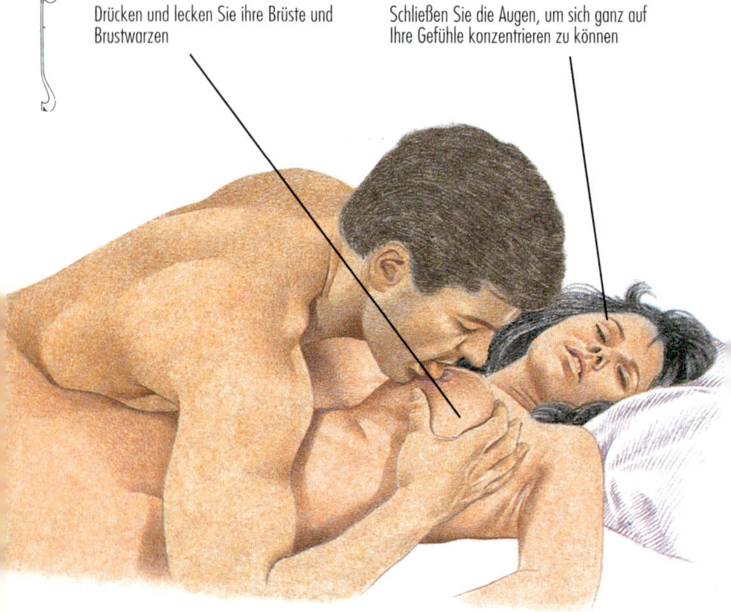

Brüste und Brustwarzen *gehören sowohl bei Männern als auch bei Frauen zu den wichtigsten erogenen Zonen. Da die Brustwarzen, der Vorhof und die gesamte Brust extrem berührungsempfindlich sind, genießen es die meisten Frauen, wenn sie während des Geschlechtsverkehrs an diesen Stellen stimuliert werden. Drücken, Küssen, Lecken und Saugen können als ausgesprochen lustvoll erlebt werden.*

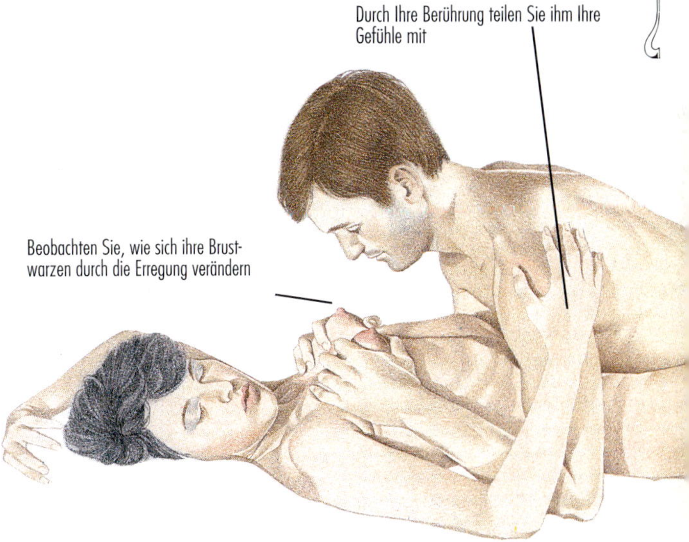

Durch die Stimulation richten sich die Brustwarzen auf *und werden hart, da das Gewebe sich mit Blut füllt. Dadurch nehmen die Warzen eine dunklere Farbe an. Manche Frauen mögen es, wenn ihre Brüste fest angefasst und geknetet werden, wogegen andere eine zartere Streichelbewegung wünschen. Lassen Sie sich von Ihrer Partnerin zeigen, was ihr die größte Lust verschafft.*

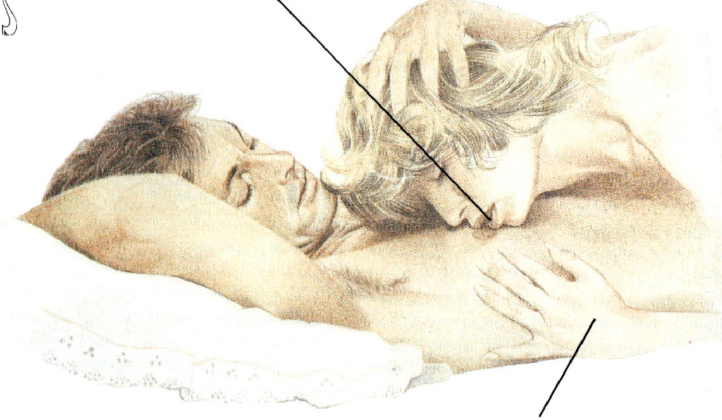

Die Brust eines Mannes, *vor allem die Brustwarzen, sind für Streicheln und Küsse empfänglich. Befeuchten Sie seine Brustwarzen mit Ihrem Speichel oder vielleicht mit Wein, und erregen Sie sie mit Ihrer Zunge, während Sie seine Brust streicheln. Alternativ dazu können Sie seine Brustwarzen mit Ihren Brüsten oder Schamlippen streicheln und reiben.*

***Die zarten Innenseiten der Schenkel** sind sehr empfänglich für Berührungen. Lecken Sie sie der ganzen Länge nach, und bedecken Sie sie mit zarten Küssen. Saugen, lecken und reizen Sie die Kniekehlen. Wenden Sie sich den Genitalien zu, streifen Sie leicht über das Schamhaar, und ziehen Sie sich dann wieder nach weiter unten zurück.*

Schmiegen Sie sich an ihre Genitalien, wenn Sie an ihren Schenkeln saugen und lecken

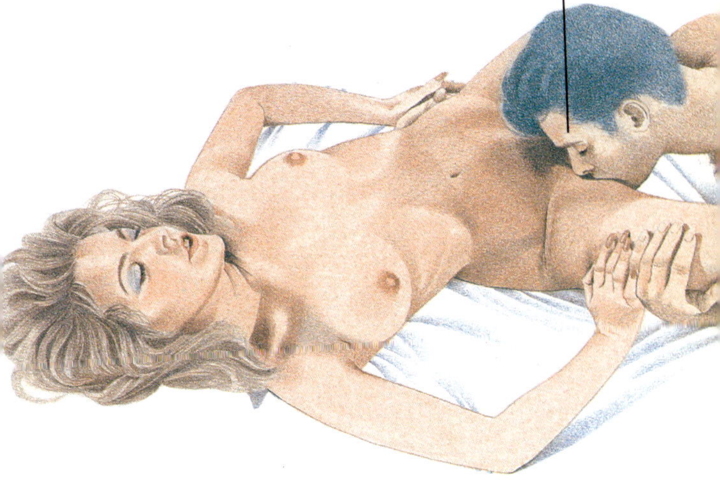

***Füße und Zehen** können beim Küssen, Reiben und Saugen angenehme Gefühle hervorrufen. Manche Menschen möchten nicht an ihren empfindlichen Füßen stimuliert werden, andere erleben es dagegen als ausgesprochen erregend. Um den Partner nicht zu kitzeln, sollten die Berührungen fest und stark sein. Die Zehen und vor allem die Zehenzwischenräume sind sehr empfindlich – ein ideales Feld für zärtliches Lecken und Saugen.*

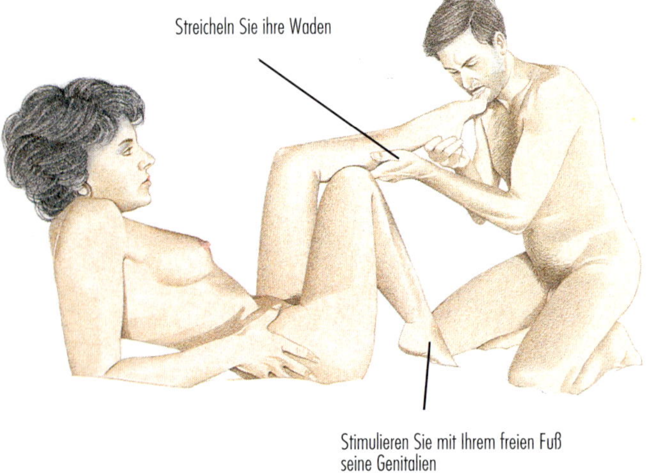

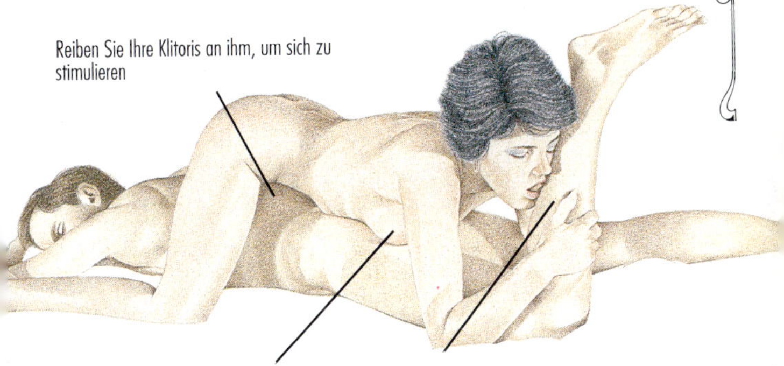

Der Rücken *weist weniger Nervenenden auf als die Vorderseite des Körpers, ist jedoch ebenfalls empfänglich für Berührungen. Kopf und Hals sind wichtige erogene Zonen. Mit Lippen, Zunge und Fingerspitzen können Sie zart über den Nacken und den gesamten Hals streichen. Vergessen Sie dabei die Ohrläppchen nicht. Streicheln Sie dann fester und zwicken Sie in die Schultern, den Rücken, die Seiten, das Gesäß, den Anus und die Beine. Manche Menschen haben ein erstaunlich empfindliches Kreuz, und die leichte und zarte Berührung von Haar löst dort sehr angenehme Gefühle aus. Zärtliches bis leidenschaftliches Kratzen über den Rücken kann für beide Geschlechter sehr erregend sein.*

Die Haut *ist unser größtes Sexualorgan. Daher ist es wichtig, während des Liebesspiels so viel Hautkontakt wie möglich zu haben. Die Haut reagiert ausgesprochen empfindlich auf verschiedene Oberflächenstrukturen und Temperaturen. Träufeln Sie warmen Honig oder kalten Wein auf Ihren Partner. Streicheln Sie ihn mit glattem Satin, harten Bürsten, zarten Federn und weichem Gummi. All dies steigert die Erregung und stimuliert die Nervenenden. Nutzen Sie alle Sinne, um Ihren Partner kennenzulernen und die Lustgefühle zu intensivieren. Riechen Sie den Moschusgeruch der Achselhöhlen und des Genitalbereichs, den salzigen Geruch der Schamlippen und den Käsegeruch der Füße. Entspannen Sie sich, und handeln Sie instinktiv.*

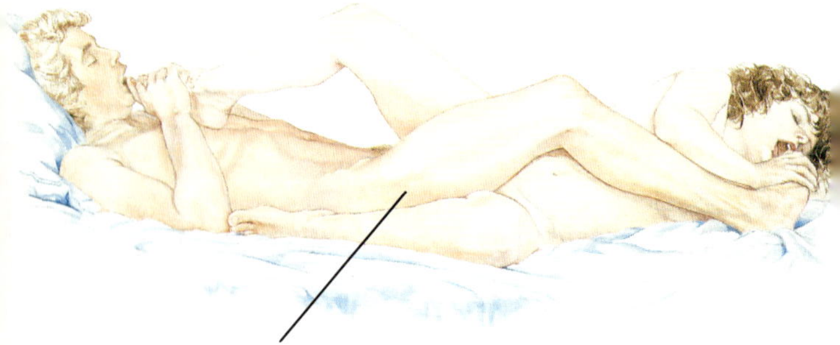

Lassen Sie sich von den Berührungen Ihres Partners verwöhnen

Kapitel vier

Stellungen und Vollzug des Liebesakts

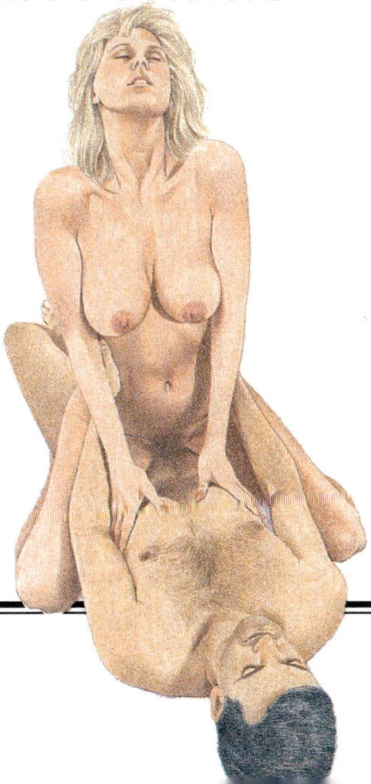

Oraler Sex

Oraler Sex ist besonders intim und sexuell befriedigend. Zunge, Lippen und Mund üben auf die Genitalien eine zartere und flexiblere Wirkung aus als Finger.

Fellatio *wird von Frauen an Männern ausgeübt. Stimulieren Sie den Penis Ihres Partners durch Saugen, Lecken und rhythmisches Zusammendrücken in Ihrem Mund. Setzen Sie Ihren Speichel als Gleitmittel ein und achten Sie darauf, Ihren Partner nicht zu beißen. Lassen Sie Ihre Zunge um den Penisschaft kreisen, stimulieren Sie auch die Eichel und das Frenulum. Steigern Sie Ihre Geschwindigkeit, je erregter er wird. Wenn Ihr Partner kein Kondom benutzt und Sie nicht möchten, dass er in Ihren Mund ejakuliert, sollten Sie ihn jetzt mit der Hand befriedigen oder zum Geschlechtsverkehr übergehen.*

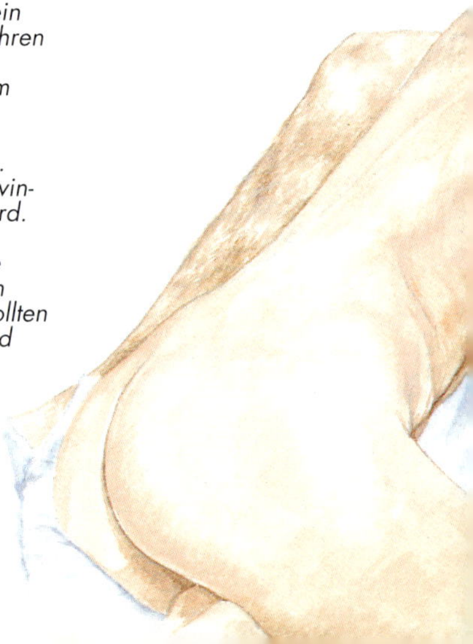

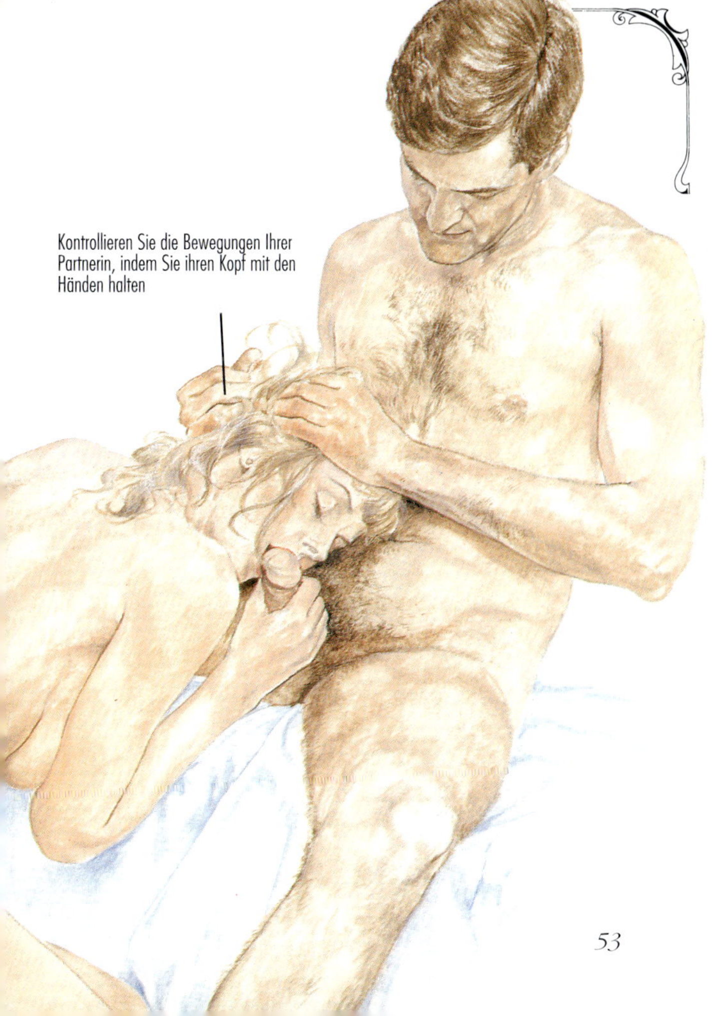
Kontrollieren Sie die Bewegungen Ihrer Partnerin, indem Sie ihren Kopf mit den Händen halten

Cunnilingus *wird von Männern an Frauen ausgeübt. Durch die Stimulierung des Genitalbereichs, besonders der Klitoris, können Frauen oft zum Orgasmus gelangen. Beginnen Sie damit, Ihre Partnerin mit langen Zungenbewegungen von der Scheide bis zur Klitoris zu lecken. Streichen Sie leicht über die Schamlippen, und dringen Sie mit Ihrer Zungenspitze in die Scheide ein. Konzentrieren Sie sich dann darauf, die Klitoris zart zu lecken.*

Achten Sie auf die Reaktionen *Ihrer Partnerin, handeln Sie entsprechend ihrer Geräusche und Bewegungen.*

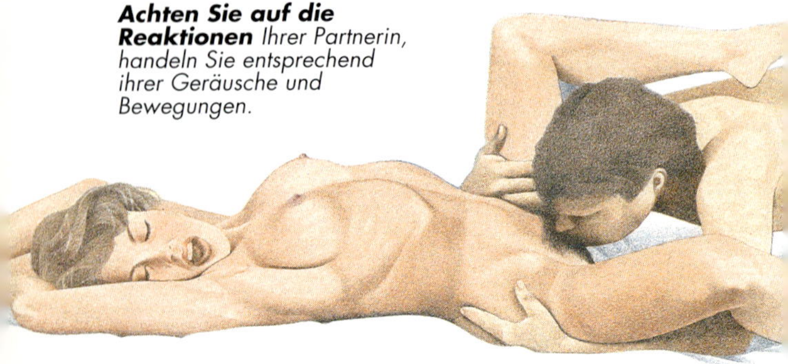

„Neunundsechzig" oder „69". *Die gleichzeitige orale Stimulation beider Partner erfordert ein gewisses Maß an Selbstkontrolle, damit nicht einer von beiden völlig außer sich gerät und gebissen oder verletzt wird. Wie beim gleichzeitigen Orgasmus genießen manche Paare auch hier die simultan steigende Erregung. Andere finden es dagegen aufregender, sich dabei auf das Lustgefühl nur eines Partners zu konzentrieren. Wechseln Sie die Stellungen nach Lust und Laune, so dass mal der Mann, mal die Frau oben liegt. Als Alternative können beide Partner auch Seite an Seite liegen.*

Die Frau ist oben

Wenn die Frau auf dem Mann liegt oder sitzt, kann sie beim Liebesspiel eine viel aktivere Rolle übernehmen. Sie kann so Art und Geschwindigkeit der Bewegungen sowie die Tiefe des Eindringens kontrollieren.

Das Niederdrücken Ihres Partners kann Ihr Gefühl der Dominanz verstärken

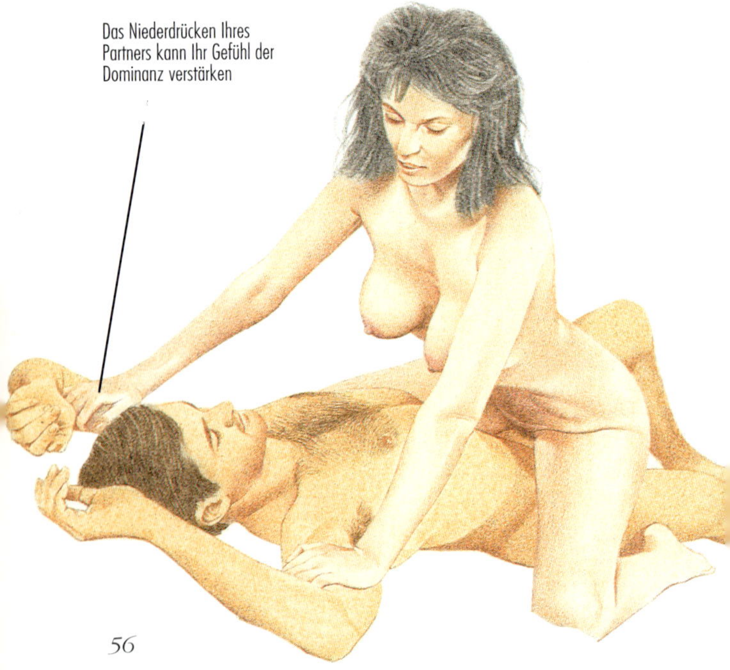

Sich abwenden. *Wenn sie mit dem Rücken zu ihrem Partner auf ihm sitzt und die Knie hochnimmt, kann die Frau die Tiefe der Stöße regulieren und ihre Klitoris durch zusätzliches Massieren stimulieren. Obwohl diese Stellung durch die abgewandte Haltung nicht gerade vertrauensvoll ist, fördert sie leichter erotische Fantasien. Er hat einen guten Blick auf ihr Gesäß und kann ihren Rücken und ihre Seiten streicheln.*

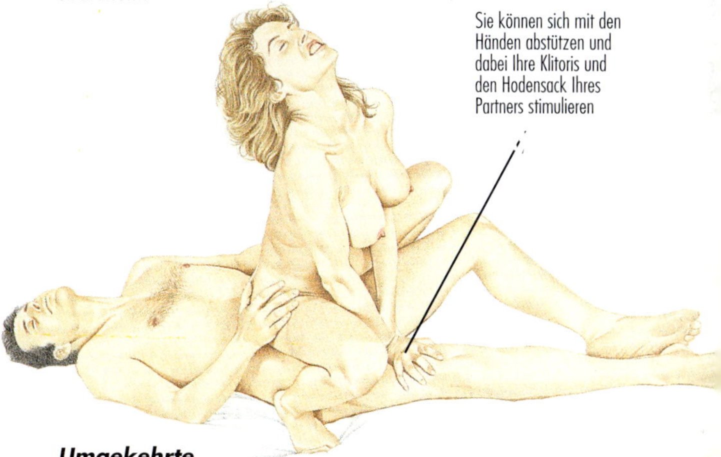

Umgekehrte Missionarsstellung.
Wenn die Frau mit dem Gesicht zu ihrem Partner rittlings auf ihm sitzt, kann sie sich auf seinem Penis nach oben und unten bewegen. Durch Bewegungen nach vorne und hinten werden ihre Scheidenwände und Klitoris stimuliert.

Bewegen Sie Ihr Becken nach hinten und vorne

Aufeinander sitzen.
Wenn der Mann eher kniet als liegt, hat er etwas mehr Bewegungsfreiheit und kann den Oberkörper seiner Partnerin küssen.

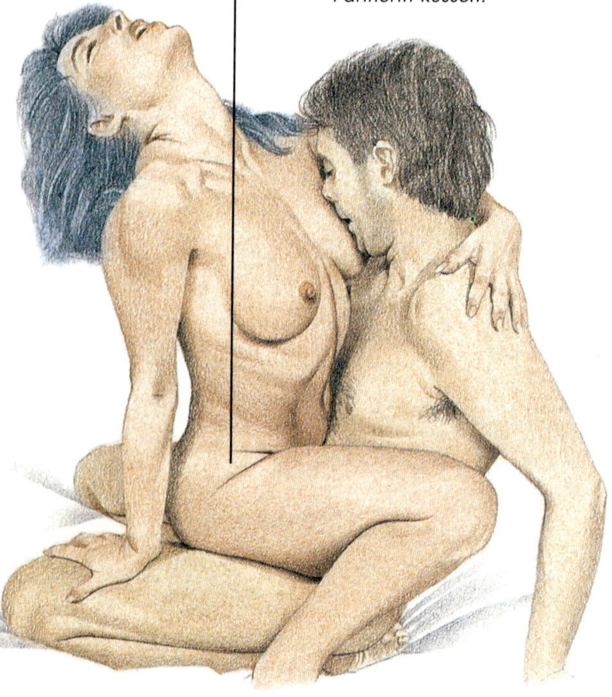

„Schere". *Die Frau ist ihrem Partner zugewandt und befindet sich in einer halb sitzenden, halb liegenden Position. Dieser Winkel bedeutet für beide Partner eine gute Stimulation. Für den Mann ist es besonders erregend, da er ihren Genitalbereich sehen kann und wie sein Penis hinein- und hinausgleitet, wenn er nach oben und sie nach unten stößt. Er kann ihre Klitoris mit der Hand massieren, und sie kann die Hebelwirkung nutzen, um die Stimulation aufrechtzuerhalten, die sie für einen befriedigenden Orgasmus braucht.*

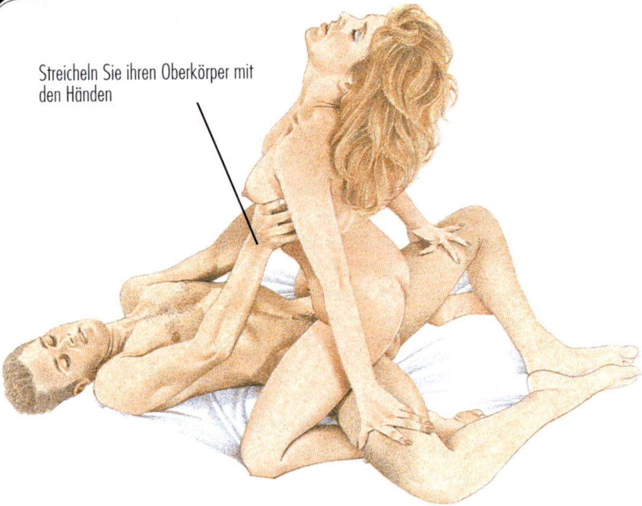

Auf den Knien. *Wenn sie ihr Gewicht auf ihre Knie rechts und links der Hüften ihres Partners verlagert, kann die Frau ihre Schamgegend besser stimulieren. Beim aufrechten Sitzen kann sie den Winkel des Penis verändern und damit die Stimulation für beide Partner beeinflussen.*

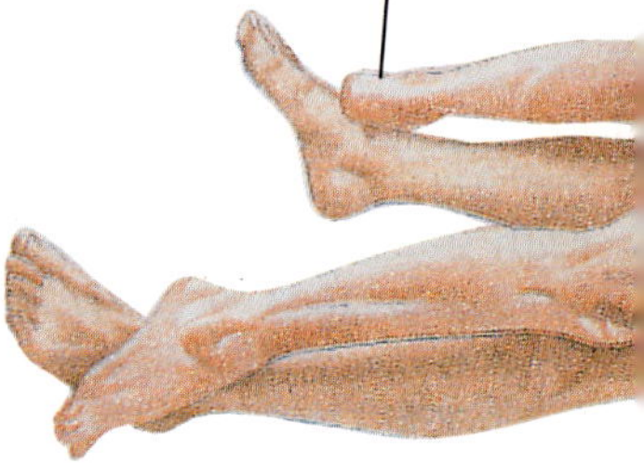

„Frosch". *Bei dieser Stellung haben beide Partner vollen Körperkontakt. Die Frau stemmt ihre Füße gegen die des Partners und stützt sich mit den Händen am Boden ab. Beim Heben und Senken des Körpers wird ihre Klitoris durch das Reiben an den Lenden ihres Partners stimuliert. Wenn sie zwischen seinen Beinen liegt, hat sie weniger Bewegungsfreiheit, kann aber seinen Penis mit ihren Schenkeln fest umschließen. Die Bewegung reicht für die Stimulierung ihrer Klitoris durch seinen Penisschaft aus.*

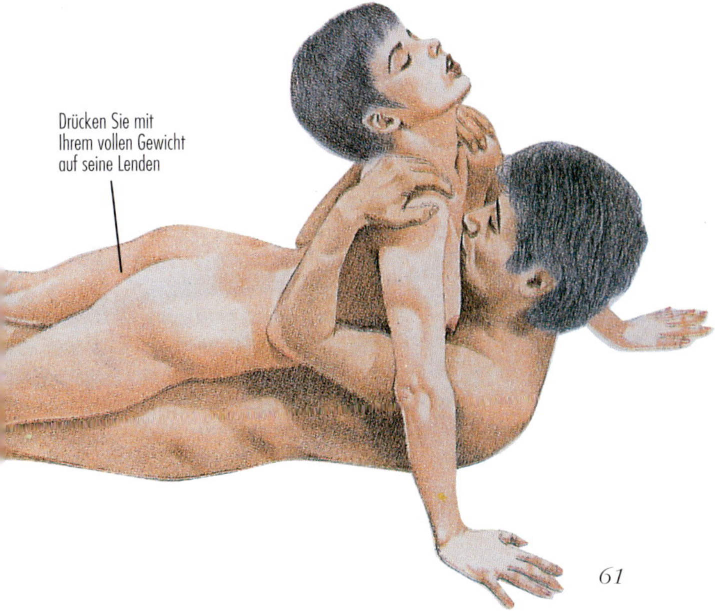

Der Mann ist oben

Diese Stellungen sind beliebt, weil der Mann sich ziemlich frei bewegen kann, während er in seiner Partnerin ist. Die Penetration kann abwechselnd tief oder flach, leidenschaftlich oder zärtlich sein.

Missionarsstellung. *Wenn der Mann zwischen den Schenkeln seiner Partnerin auf ihr liegt, kann er eine aktivere Rolle im Liebesspiel übernehmen, da seine Bewegungsfreiheit kaum eingeschränkt ist. Er sollte einen Teil seines Gewichts auf Ellbogen und Arme verlagern, um sie nicht zu erdrücken. Durch Anspannen des Gesäßes, Stoßbewegungen nach oben und gleichzeitiges Kreisen der Hüften kann sie schnell zum Orgasmus gelangen. Wenn ihre Hüften von Kissen gestützt sind, kann die Frau ihr Becken so nach oben neigen, dass ihre Scheide leichter zugänglich ist. Dadurch kann der Mann etwas tiefer in sie eindringen.*

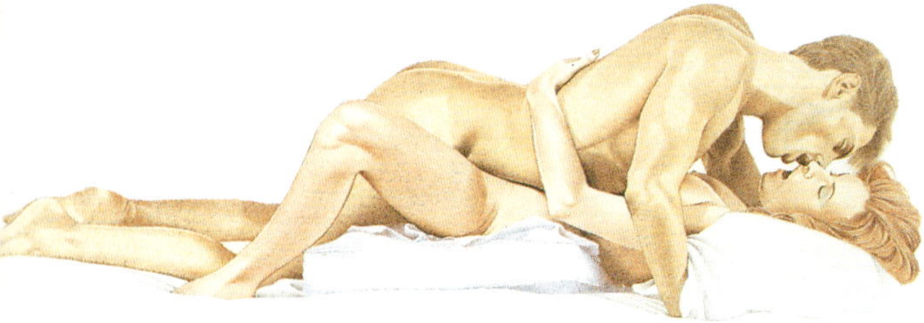

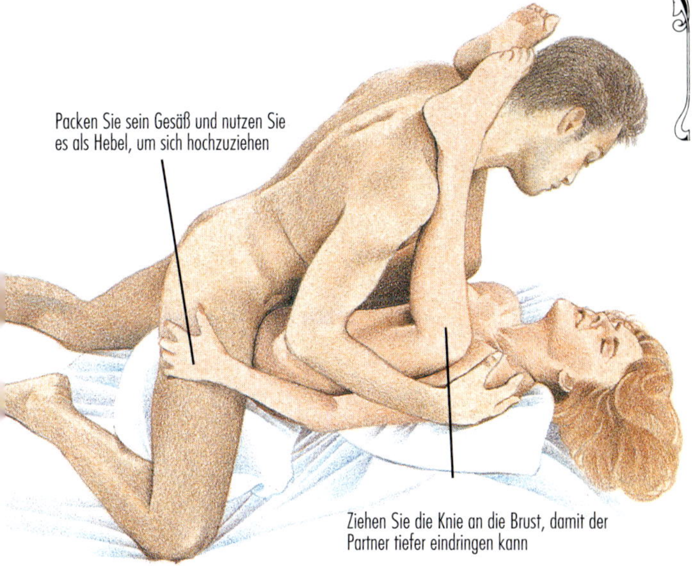

Füße auf den Schultern. *Wenn die Frau ihre Beine um seinen Hals legt, ist ihr Becken so nach oben geneigt, dass ihr Partner tiefer eindringen kann. Sie sollte genügend stimuliert und ihre Scheide völlig geöffnet sein, da das Stoßen ihres Partners sonst unangenehm für sie sein könnte. Wenn er sich nach vorne beugt, kann das Reiben seines Schambeins seine Partnerin zusätzlich stimulieren. Bei dieser tiefen Penetration gelangt der Samen des Mannes bei der Ejakulation direkt an den Muttermund. Daher ist diese Stellung gut für Paare geeignet, die sich ein Kind wünschen.*

„Das Teilen der Wellen". *Obwohl beide Partner hier wenig Bewegungsfreiheit haben, erlaubt diese Stellung einen einzigartigen Penetrationswinkel, wobei der Penis die hintere Wand der Scheide stimuliert. Bei dieser Stellung sollte die Frau auf dem Rücken am Bettrand liegen und die Beine in die Luft strecken. Ihr Partner sollte mit abgewandtem Gesicht rittlings über ihr knien. Beim Eindringen sollte er sich nach vorne beugen und sein Gewicht mit den Händen am Boden abstützen. Die Frau kann mit ihren Händen die Schenkel und das Gesäß ihres Partners streicheln, seinen Anus stimulieren und ihm beim Stoßen helfen.*

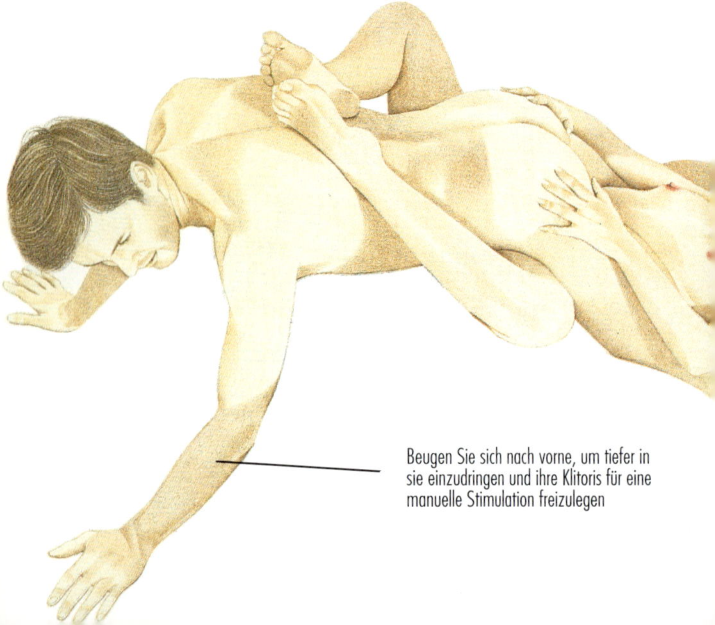

Beugen Sie sich nach vorne, um tiefer in sie einzudringen und ihre Klitoris für eine manuelle Stimulation freizulegen

Nach oben pressen.
Diese Stellung ist für die Frau sehr entspannend, für den Mann aber ziemlich ermüdend, da er fast sein ganzes Gewicht auf seine Hände und Unterarme verlagern muss. Keiner der Partner hat viel Bewegungsfreiheit, und die Penetrationstiefe ist beschränkt. Mit dieser Stellung kann der Mann allerdings einer vorzeitigen Ejakulation vorbeugen.

„Gekreuzte Schwerter". *Diese Stellung erlaubt es dem Mann, in einem geringen Winkel in seine Partnerin einzudringen und damit die Seitenwände ihrer Scheide zu stimulieren. Durch das Zurücklehnen und Verlagern des Gewichts auf die Hände können sich die Partner freier bewegen und die Reaktionen des anderen besser beobachten. Die Klitoris liegt frei und kann zusätzlich stimuliert werden. Allerdings ist der Körperkontakt mit den Oberkörpern fast unmöglich, ohne die genitale Stimulation zu vernachlässigen.*

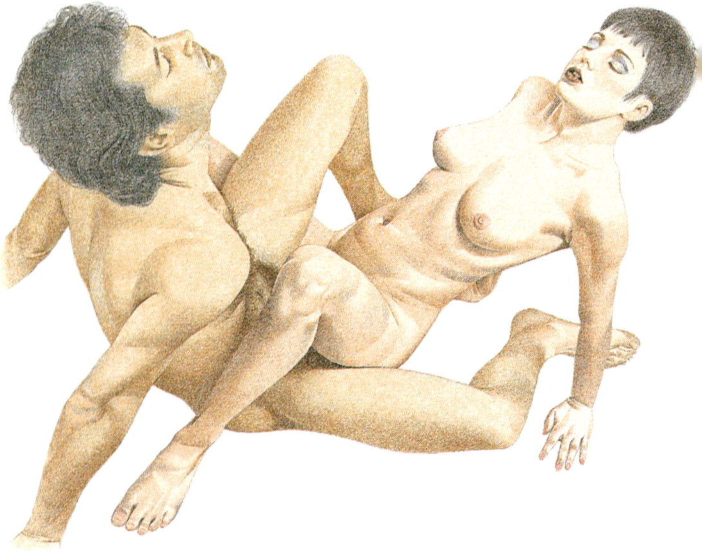

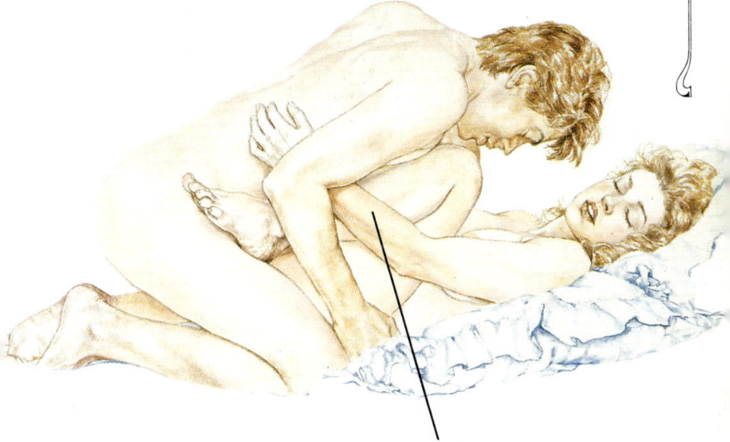

Streicheln Sie die Seiten Ihres Partners mit den Händen, und ziehen Sie ihn beim Stoßen zu sich heran

Angehobene Hüften.
Der Mann kniet und legt das Gesäß seiner Partnerin beim Eindringen auf seine Unterschenkel. Wenn er ihre Hüften dann mit beiden Händen unterstützt, kann er beim Eindringen die hochsensible Vorderwand der Scheide, wo sich der G-Punkt befindet, stimulieren. Die Frau kann die Penetration durch Anziehen der Knie bis zur Brust verstärken.

Liebe von hinten

Diese Stellungen ermöglichen tieferes Eindringen und eine intensivere Stimulation der Scheidenvorderwand. Bei den meisten Frauen ist die Klitoris gut zugänglich für eine manuelle Stimulation.

Flach aufeinander liegen (Frau ist oben). *Die Frau läßt sich zuerst auf dem Penis ihres Partners nieder und legt sich dann langsam und vorsichtig nach hinten auf ihren Partner. Sie kann zusätzlich stimuliert werden, wenn ihr Partner ihre Klitoris, ihren Bauch und ihre Brüste streichelt. Der Ganzkörperkontakt ist sehr erregend, und viele Männer genießen das Gefühl, von ihrer Partnerin dominiert zu werden, indem sie ihn mit ihrem Gewicht nach unten drückt. Die Penetration ist nicht tief, aber der Penis stimuliert die sensible Scheidenvorderwand ganz intensiv.*

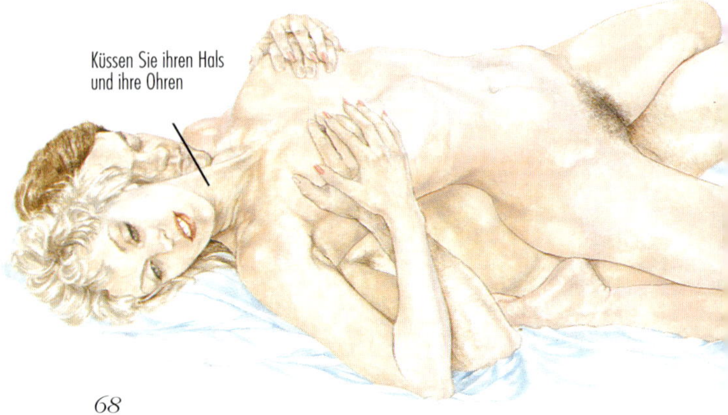

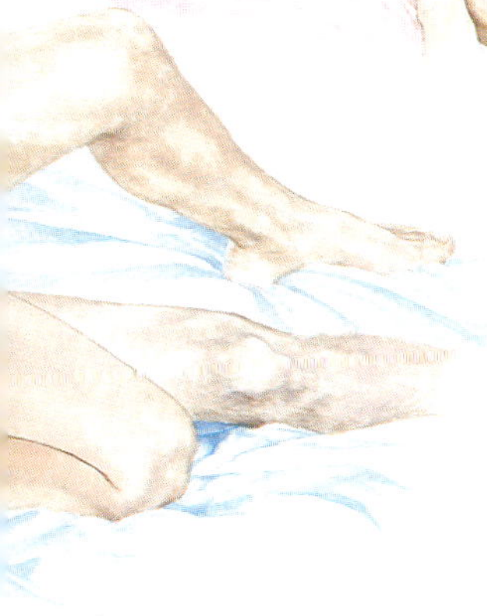

Sitzen. *Während sie sich mit ihren Armen abstützt, kann die Frau den Rhythmus mitbestimmen, indem sie sich auf dem Penis ihres Partners auf und ab bewegt. Dadurch wird die Vorderwand ihrer Scheide stark erregt. Sie kann in dieser Stellung auch ihre Klitoris stimulieren.*

„Hundestellung". *In dieser Stellung kann der Mann maximal tief in die Frau eindringen und mit aller Kraft stoßen, wobei die Frau die Tiefe durch Öffnen oder Schließen ihrer Beine beeinflussen kann. Viele Frauen werden durch das Gefühl der Selbstaufgabe, das sie bei dieser Stellung empfinden, erregt und schwelgen in Fantasien, bei denen Dominanz und Anonymität eine Rolle spielen. Achten Sie darauf, dass es für die Frau nicht schmerzhaft ist. Diese Stellung ist für Frauen mit Rückenleiden sowie für Frauen im fortgeschrittenen Stadium der Schwangerschaft nicht zu empfehlen.*

Flach aufeinander liegen (Mann ist oben).
Die Frau liegt mit gespreizten Beinen auf dem Bauch, und ihr Partner dringt von hinten in sie ein. Wenn sie ihr Gesäß hebt, kann er noch tiefer eindringen.

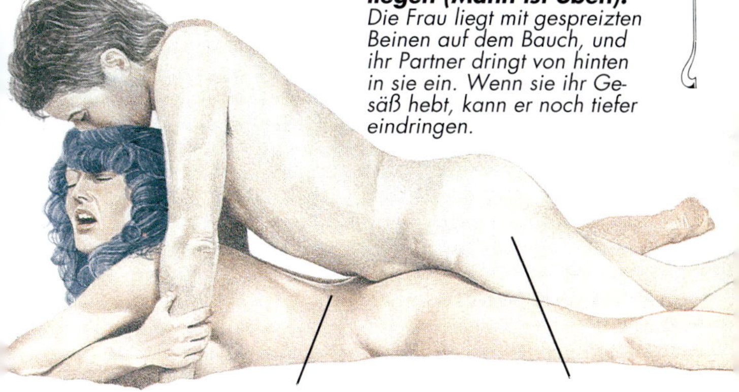

Aufrechte „Hundestellung".
Die Frau lehnt sich gegen ein Bett oder einen Stuhl, so dass ihr Partner ihre Brüste und den übrigen Körper besser streicheln kann.

Seite an Seite

Obwohl die Penetration ziemlich gering ist, kann das Liebesspiel durch diese Stellungen besonders entspannend und erregend gestaltet werden. Hier ist auch Gelegenheit für intimes Streicheln.

Liegend mit erhobenen Beinen. *Diese Stellung bedeutet eine gute optische Stimulation für den Mann. Beide Partner haben die Hände frei zum einander Streicheln. Er kann ihre Brüste und Klitoris leicht erreichen und ihren Gesichtsausdruck der Liebe und sexuellen Erregung genießen. Da die Penetration gering ist, sollte die Frau ihre Beine fest geschlossen halten, damit der Penis nicht herausrutscht.*

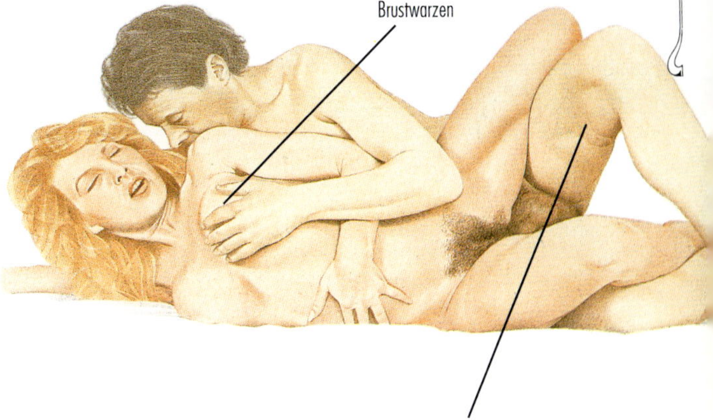

Mann ist hinten.

Die Frau beugt sich auf der Hüfte nach vorne, um dem Mann das Eindringen zu erleichtern. Der Mann winkelt sein äußeres Bein an, um besser stoßen zu können. Durch das Anziehen ihrer Knie bis zur Brust ist ein tieferes Eindringen in ihre Scheide möglich. Er kann ihre Brüste streicheln und sie seinen Anus und Hodensack.

Verschränkte Beine. *Die Partner liegen mit dem Gesicht zueinander in enger Umarmung. Wenn der Mann sein oberes Bein etwas anhebt, kann er tiefer eindringen.*

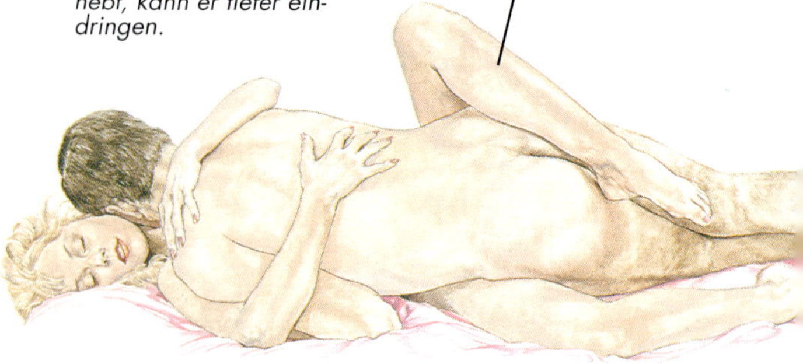

„Löffel". *Die große Intimität dieser Stellung wird verursacht durch einen maximalen Hautkontakt und die Tatsache, dass der Mann die Brüste und den Genitalbereich seiner Partnerin ungehindert streicheln kann.*

Sex im Sitzen

Sex in sitzender Stellung ermöglicht keine intensive Stimulation, sondern ist ein langsamer Weg zum Orgasmus. Die Befriedigung wird in kleinen, kontrollierten Schritten erreicht.

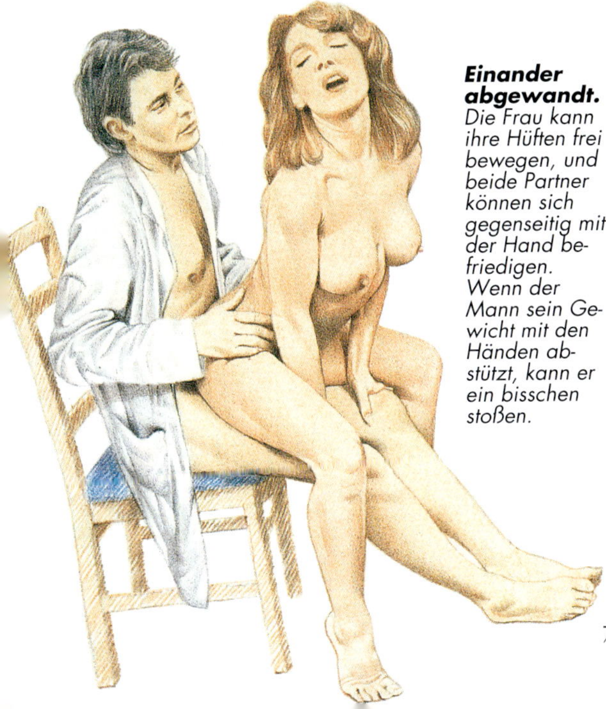

Einander abgewandt. *Die Frau kann ihre Hüften frei bewegen, und beide Partner können sich gegenseitig mit der Hand befriedigen. Wenn der Mann sein Gewicht mit den Händen abstützt, kann er ein bisschen stoßen.*

Stehen. *Wenn Sie im Stehen von hinten in Ihre Partnerin eindringen, sollten Sie einen Stuhl als Hilfsmittel benutzen. Der Mann kann beim Stoßen ihre Hüften packen sowie ihre Ohren, ihren Hals und ihr Gesicht drücken und küssen.*

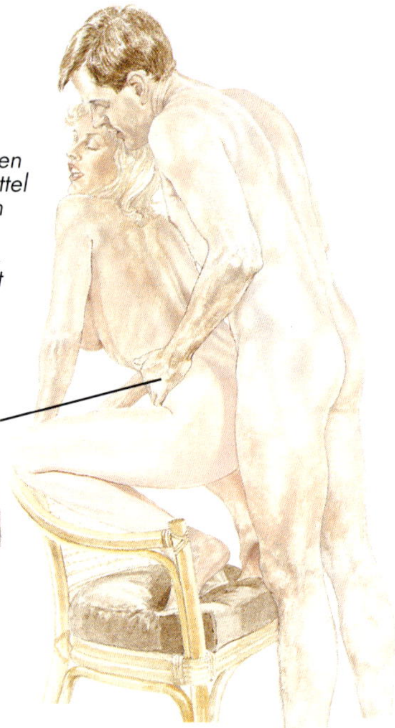

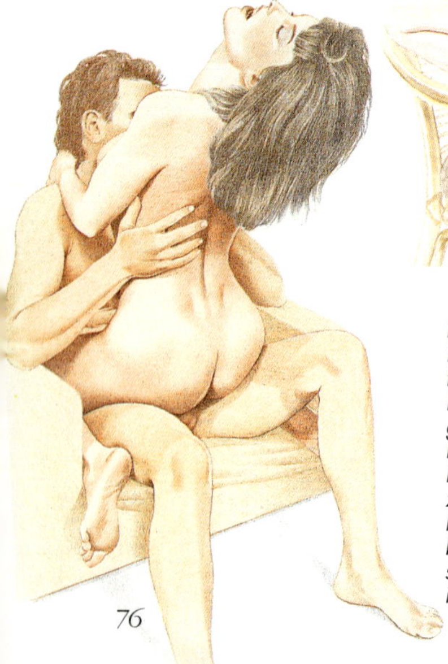

Einander zugewandt. *Diese Stellung bietet ein großes Maß an körperlicher Nähe mit Gelegenheit zu gegenseitigem Streicheln und Küssen. Sie eignet sich für langsamen Sex zwischen zwei sportlichen, energiegeladenen Partnern, da die Hüftbewegungen eingeschränkt sind. Versuchen Sie es mal in einem Schaukelstuhl!*

Sex im Stehen

Stehende Stellungen eignen sich wunderbar für spontane Liebesspiele, wenn Zeit und Platz begrenzt sind.

Einander zugewandt. *Diese Stellung ist besonders für Partner gleicher Größe geeignet. Obwohl die Tiefe des Eindringens beschränkt ist, kann die Frau klitoral stark erregt werden. Außerdem ist der intensive Körperkontakt ideal für ein erotisches Vorspiel.*

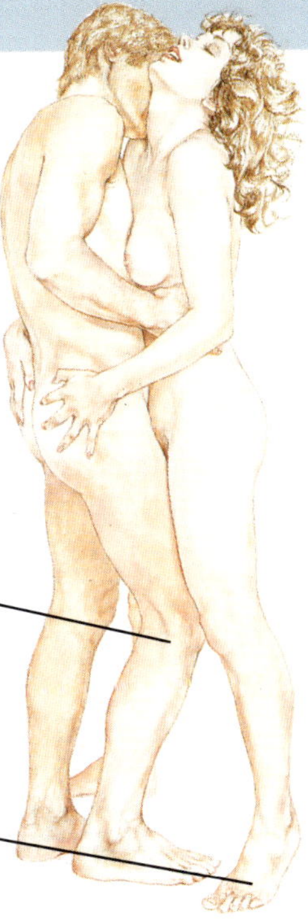

Gehen Sie in die Knie, wenn Sie größer sind als ihre Partnerin

Stehen Sie auf Zehenspitzen, wenn Sie kleiner sind als Ihr Partner

Hochheben.
Eine Stellung für kräftige Leute und nicht zu empfehlen für hochschwangere Frauen. Wenn der Mann seine Partnerin unter dem Gesäß unterstützt, kann sie ihm ihre Beine fest um die Hüften legen und sich mit den Armen, die sie ihm um die Schultern legt, hochziehen. Eine Wand oder ein Baum dienen als Hilfsmittel, damit der Mann sich stärker aufs Stoßen konzentrieren kann.

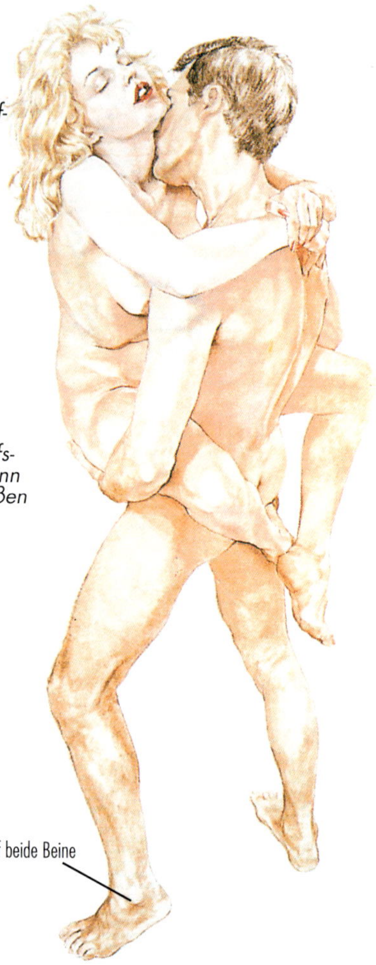

Kapitel fünf

Sexspiele und erotisches Spielzeug

Fesseln und Züchtigen

Sexspiele können als Vorspiel die erotische Spannung steigern und das Liebesleben vor der Routine bewahren. Die einzige Voraussetzung ist, dass beide Partner Spaß daran haben.

Sanfte Zurückhaltung *gibt einem der Partner die Möglichkeit, passiv zu sein, während der andere sexuell aktiv und fordernd ist. Fesseln Sie die Handgelenke Ihres Partners mit einem weichen Schal oder Tuch, und machen Sie die langsame, spielerische Masturbation zu einer süßen Qual für ihn oder sie.*

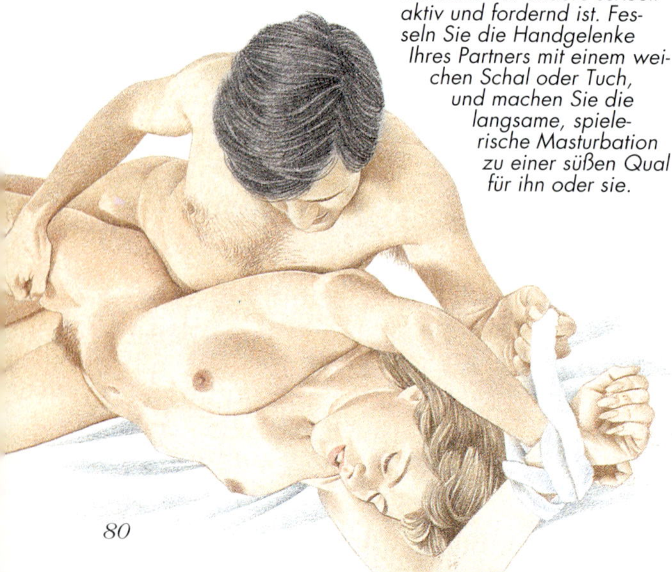

Beim Züchtigen *wird die Haut stimuliert. Für viele Menschen ist es ein Symbol für eine Bestrafung, die sie besonders erregt. Die Fantasie spielt hier eine große Rolle. Aber wie bei allen Sexspielen sollten Ihre Handlungen nie von wirklichem Schmerz begleitet werden.*

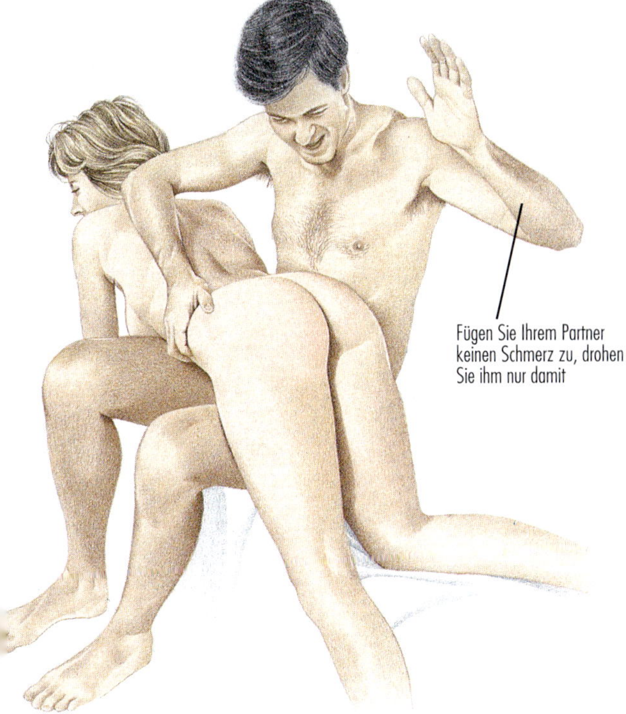

Fantasie und Rollenspiele

Fantasien sind ein genussvoller und erotischer Bestandteil des Liebesspiels. Entweder man erzählt sie seinem Partner, damit er sich daran beteiligen kann, oder man behält sie für sich. Ihr Kopf ist Ihre größte erogene Zone.

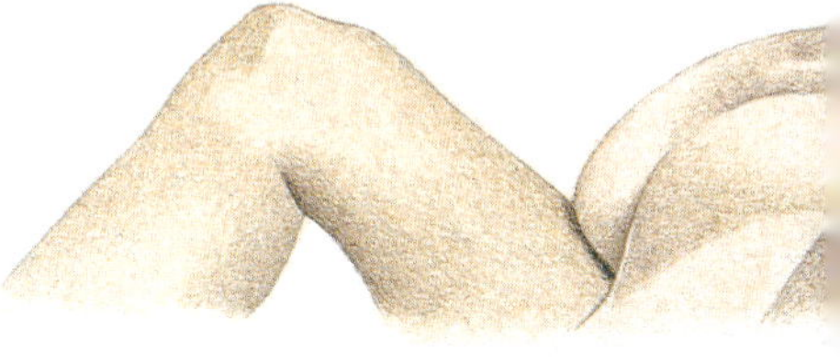

Spiegel machen aus Sex ein Theaterspiel. *Es ist aufregend und gefährlich, ein Voyeur zu sein, und doch ziemlich beruhigend, dass Sie keine wirklichen Zuschauer haben. Viele Menschen sind erregt, wenn sie sich selbst beim Masturbieren oder Liebesspiel – nackt oder angezogen – zuschauen. Fantasien können ausgelebt werden, sodass beide, der Teilnehmer und der Zuschauer – also beide Partner – sexuelle Befriedigung darin finden.*

Sich aufreizend anziehen, *um bestimmte Stimmungen und „Szenen" zu erzeugen, kann Sexspiele realistischer wirken lassen und Sie somit stärker erregen. Erkennen Sie, was Ihrem Partner gefällt und in was für einer Aufmachung Sie sich verführerisch fühlen. Führen Sie Rollenspiele durch, um Fantasien ausleben zu können. Reizwäsche wirkt auf Männer und Frauen erotisch. Bei Frauen betont sie die Brüste und das Dekolleté, eine schmale Taille, runde Hüften, ein rundes Gesäß und lange Beine. Bei Männern können ein breiter Rücken, breite Schultern, eine muskulöse Brust und Arme, schmale Hüften und eine ansehnliche Ausbuchtung in der Hose durch die richtige Kleidung unterstrichen werden.*

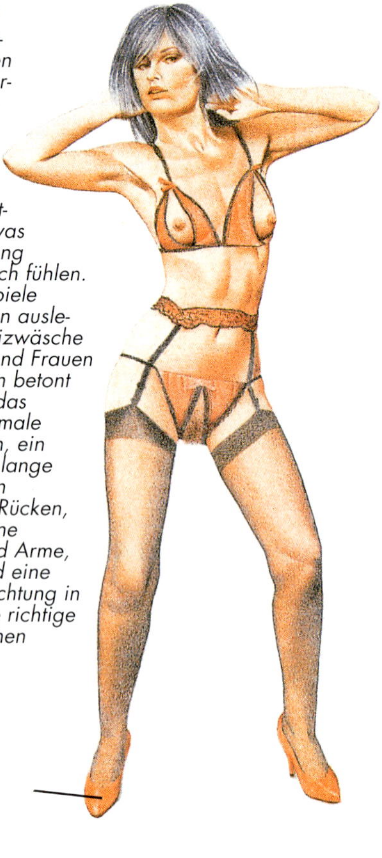

Ihre Beine wirken durch hohe Absätze länger

Nehmen Sie teil *an den Fantasien Ihres Partners, oder erzählen Sie ihm von Ihren. Sie können sich Ihren Partner als jemand anderen vorstellen, vielleicht vom anderen Geschlecht. Schlüpfen Sie in die Rolle ihres schönen Fremden oder seiner wunderschönen Beherrscherin. Variieren Sie je nach Rolle Ihre Verführungskünste, geben Sie vor, sexuell unerfahren zu sein, oder drohen Sie mit Schmerz und dominantem Verhalten.*

Erzeugen Sie ein Gefühl der Spontaneität, indem Sie einige Kleidungsstücke anbehalten

„Quickie"-Sex

Schneller Sex birgt in sich die doppelte Erregung von dringendem Bedürfnis und der Möglichkeit, dabei erwischt zu werden. Geben Sie der Versuchung nach – mit einem Hauch von Diskretion!

Wer einfallsreich ist,
findet überall Möglichkeiten, Sex zu haben – in der Flugzeugtoilette, im Schlafzimmerschrank des Gastgebers bei einer Party, halb bekleidet und fordernd, vielleicht sogar ohne zu reden. Stehende Stellungen eignen sich vor allem für Orte, wo wenig Platz ist.

Sex im Freien *bietet eine erfrischende Alternative zur alltäglichen Routine. Eine ungewohnte Umgebung im Urlaub kann erregende Gefühle hervorrufen – am Strand, beim Zelten unter den Sternen oder während eines nächtlichen Bades im Meer. Die Gefahr, entdeckt zu werden, steigert die Spannung. Gehen Sie aber kein Risiko ein, da Sex in der Öffentlichkeit in den meisten Ländern verboten ist.*

Sexspielzeug

Es gibt eine große Auswahl an Sexspielzeug – von Vibratoren bis zu Penisringen. All dies sollte mit Humor und einem Gefühl für den richtigen Zeitpunkt benutzt werden.

Vibratoren *können intensive Orgasmen auslösen und Stunden höchster Glückseligkeit bescheren. Sie können sowohl beim „privaten" Masturbieren als auch beim Liebesspiel mit dem Partner eingesetzt werden. Vibratoren können fast überall zur Anwendung kommen, einschließlich an Hodensack und Anus des Mannes sowie an Genitalien, Anus und Brüsten der Frau.*

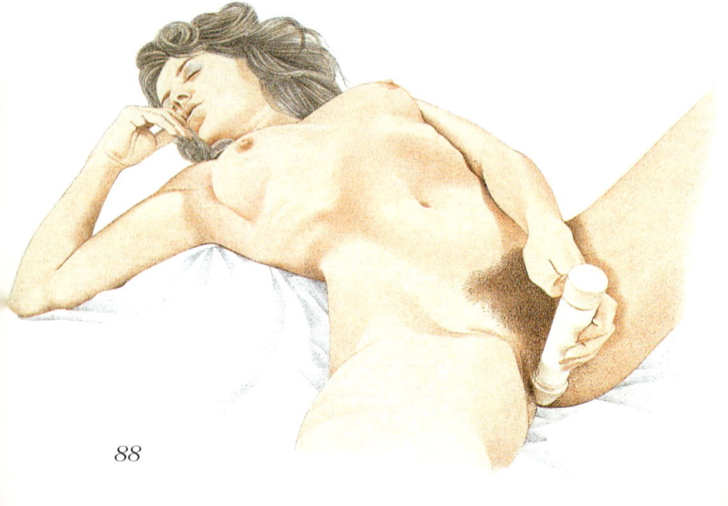

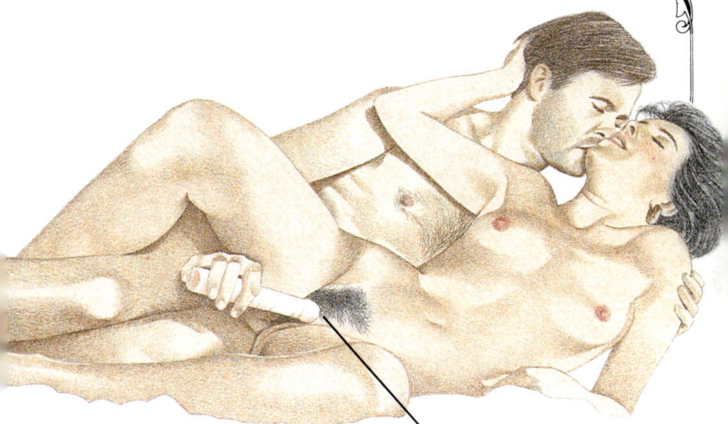

Erregen Sie Ihre Partnerin durch das Reiben des Dildos an ihrer Klitoris. So wird die Scheide vor dem Einführen feucht

***Dildos** (künstliche Penisse) sind vor allem optisch stimulierend für den Mann, der sie bei seiner Partnerin anwendet, die Frau wird dadurch weniger erregt. Die meisten Frauen kommen eher durch die Stimulation ihrer Klitoris als durch vaginale Stimulation zum Orgasmus. Wenn eine Frau nicht gerade zahlreiche Stöße braucht, wird sie durch einen Dildo normalerweise keinen Orgasmus bekommen. Die manuelle Stimulation der Scheidenvorderwand, wo sich der hochsensible G-Punkt befindet, ist erfolgversprechender.*

Penisringe *können die Erektion verlängern, sollten aber vorsichtig gehandhabt werden. Manche sind batteriebetrieben und mit einem Mini-Vibrator verbunden, der den Hodensack und den Anus zusätzlich erregt. Beobachten Sie Ihren Partner, wenn Sie einen Penisring verwenden – die optische Stimulation kann für Sie genauso reizvoll sein wie die körperliche für ihn. Das gemeinsame Lesen und Betrachten von erotischen Büchern und Filmen kann ebenfalls das Verlangen nach Sex steigern. Softpornovideos (entweder private, mit Ihnen beiden als Hauptdarstellern oder aus dem Sexshop entliehene) können ausgesprochen erregend sein.*

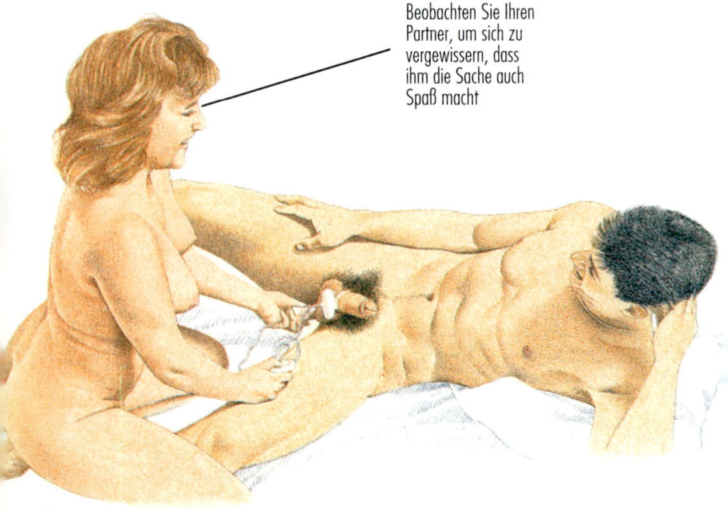

Kapitel sechs

Nachspiel

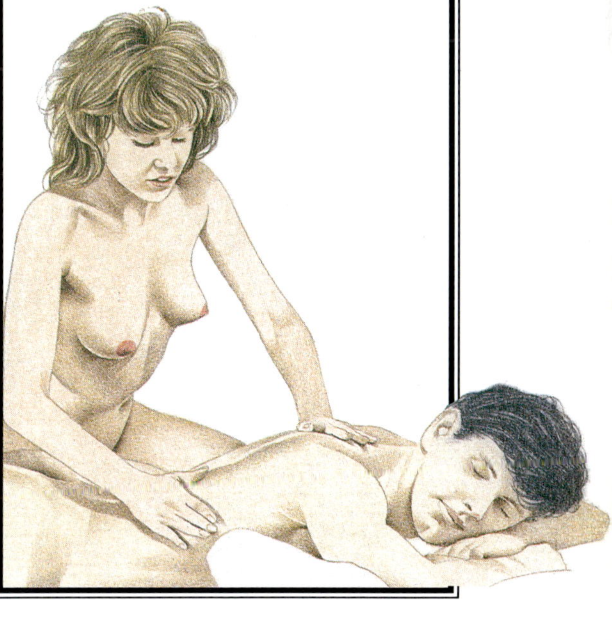

Ausklang

Das Nachspiel ist genauso wichtig wie das Vorspiel und der Akt selbst! Nach dem erotischen Feuerwerk ist nun die Zeit für Nähe, Zuneigung, Gemeinsamkeiten und Entspannung gekommen. Das Nachspiel kann die intimste Phase überhaupt sein.

Eine sanfte Massage *ist beim Ausklingen des Liebesspiels eine besonders zärtliche Geste. Die Anspannung ist vorbei, und Ihre Muskeln sind jetzt besonders locker. Lassen Sie vor dem Liebesspiel Wasser in die Wanne einlaufen, und bereiten Sie alles vor für ein ausgedehntes Bad danach.*

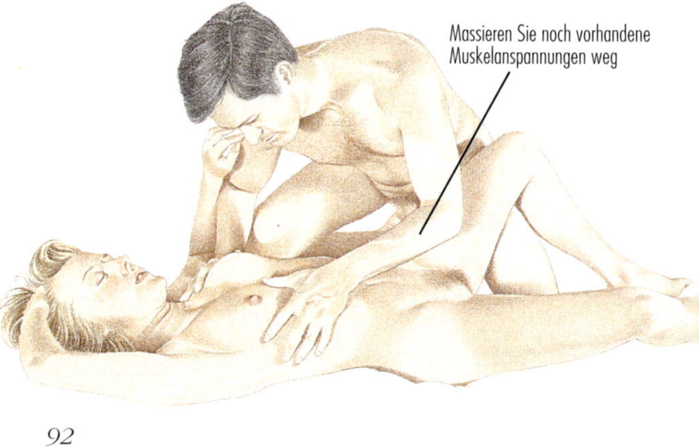

Ein zärtlicher Liebhaber *zeigt seiner Partnerin, dass er sie auch nach dem Sex schätzt, begehrt und umsorgt. Das Umarmen, Küssen, Streicheln und Knuddeln Ihres Partners lässt die entstandene körperliche in eine emotionale Nähe übergehen, wodurch das gesamte Liebesspiel erst richtig befriedigend wird.*

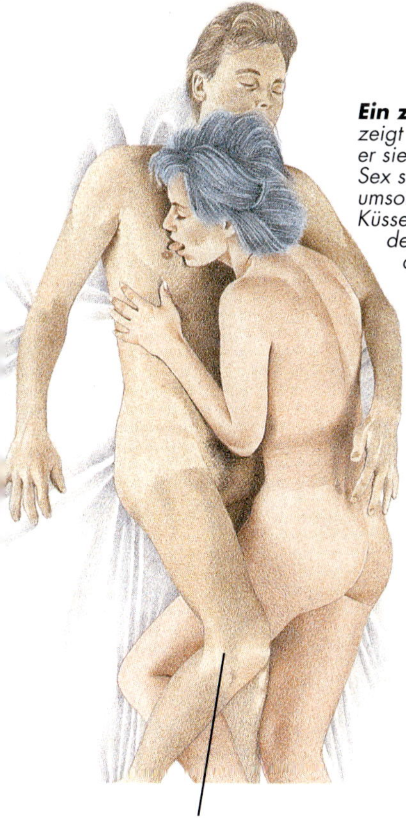

Halten Sie sich eng und zärtlich umschlungen

Zeit zum Reden. *Obwohl es verlockend sein mag – schlafen Sie nicht ein. Oder nur, wenn beide es wollen, Arm in Arm. Jetzt ist der richtige Zeitpunkt für ein liebevolles und spielerisches Gespräch. Es kann damit enden, dass Sie noch einmal miteinander schlafen!*

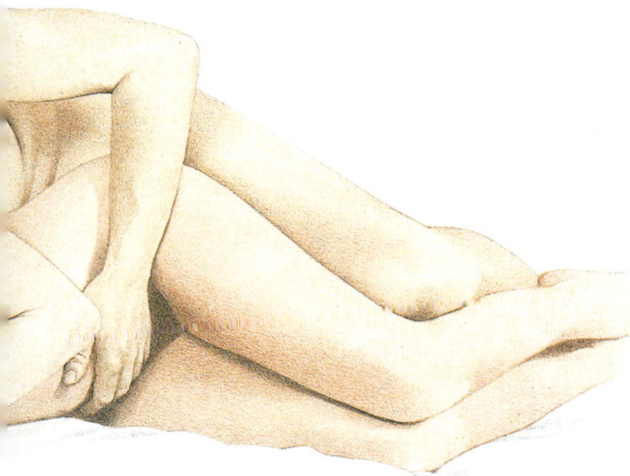

Register

Baden 18

Cunnilingus 54

Dildo 89
Duschen 18

Erogene Zonen 42 ff.

Fellatio 52 f.
Fesseln 80
Fitness 10
Frosch 61

Gesundheit 10 ff.
Gymnastik 10

Hundestellung 70 f.

Kegel-Übungen 16
Kommunikation 24 ff.
Kondom 12
Körperküsse 29
Körpersprache 26
Küssen 28 ff.

Lebensmittel 19
Lecken 32 f.
Löffel 74

Massage 20 f.
Masturbation 36 ff.
Missionarsstellung 62
Missionarsstellung, umgekehrte 57

Nachspiel 92 ff.
Neunundsechzig 55

Oraler Sex 52 ff.
Orgasmus 14 ff.

Penisring 90

Quickie 86

Reizwäsche 84
Rollenspiele 82 ff.

Schere 59
Sexspielzeug 88 ff.
Sitzen 75
Spiegel 83
Stehen 76 ff.
Stellungen 55 f.
Streicheln 30 ff.
Striptease 34 f.

Vertrauen 25
Vibrator 88
Vorspiel 27 ff.

Züchtigen 80